ARRIVEE

Sommaire

Dans la même collection :

- Les enfants aiment faire la CUISINE
- Les enfants aiment faire la PÂTISSERIE
- Les enfants aiment la PÂTE À SEL
- Les enfants aiment la MAGIE
- Les enfants aiment se DÉGUISER
- Les enfants aiment JARDINER
- Les enfants aiment les TRAVAUX MANUELS
- Les enfants aiment CHANTER
- Les enfants aiment BRICOLER

Loi 49-956 du 16 juillet 1949 sur les Publications destinées à la Jeunesse
Dépôt légal 4e trim. 1999 - Imp. n° 2 483
Imprimé en C.E.E.

LES ENFANTS
aiment
BRICOLER

Textes et réalisations :
Philippe BIERLING

Photos :
Alain THIÉBAUT

Dessins :
Nathalie SCHOTT

Coordination :
Alain THIÉBAUT

Avec la participation de **Julien** et de **Mathieu**.

ÉDITIONS S.A.E.P. 68040 INGERSHEIM - COLMAR

Bois, marteau, clous, vis, colle, ficelle…

Félicitations !

Tu viens d'acheter ce livre, parce que tu as envie de bricoler. Mais tu viens d'acheter bien plus que quelques idées de réalisation. Tu tiens dans la main une précieuse source de renseignements, qui vont te servir ta vie durant.

Bien sûr, tu vas filer tout de suite vers l'objet qui t'a « tapé dans l'œil ». Simplement, je te donne rendez-vous plus tard. Pourquoi ? Parce que je sais que tu vas très bientôt te poser des questions :

« Pourquoi ma pièce est-elle trop courte, j'ai pourtant bien mesuré ? »
« Pourquoi mon bois se fend-il quand je cloue ? »
« Pourquoi mes clous se tordent-ils ? »
Et bien d'autres encore.

Après quelques essais tu pourras même en remontrer à des grands…

Si tu es curieux, tu trouveras également dans les premières pages de ce livre, en plus de ces quelques trucs bons à connaître, le nom de quelques outils et matériaux nécessaires pour la réalisation de bricolages en bois.

Mais assez bavardé, au travail !

Avec quoi et comment faire

TES OUTILS

Tes outils pour bricoler seront les mêmes que ceux utilisés par le menuisier.

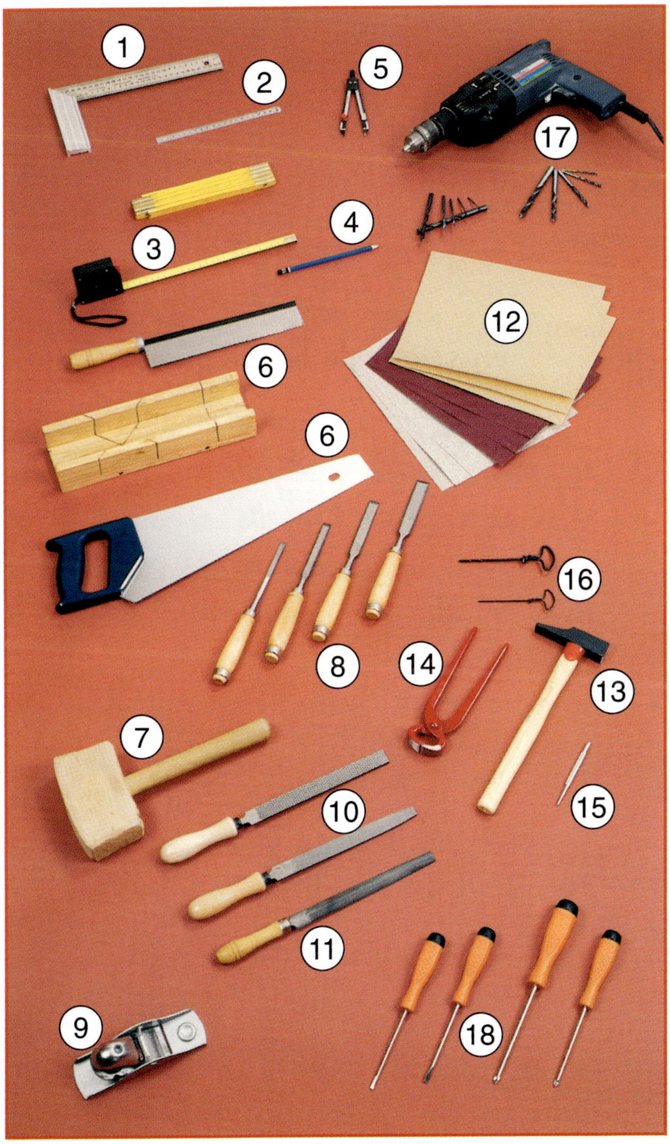

1. Équerre à chapeau
2. Réglet
3. Mètre pliant et mètre à ruban
4. Crayon
5. Compas
6. Scie à dos ou à onglet et boîte de coupe à onglet, scie égoïne
7. Maillet
8. Ciseaux à bois 6, 10, 15, 20
9. Rabot
10. Râpes
11. Lime
12. Papier de verre 80, 100, 150
13. Marteau
14. Tenaille
15. Chasse-clou
16. Vrilles
17. Perceuse et mèches
18. Tournevis plat et cruciforme

TES OUTILS

Il serait bon que tu aies ta propre caisse à outils pour éviter que les grands rouspètent avec toi parce que tu as encore pris le marteau ou la pince. Dans ta caisse à outils, il ne te faudra que quelques outils. Voilà ce que je te propose.

Premier outillage de base

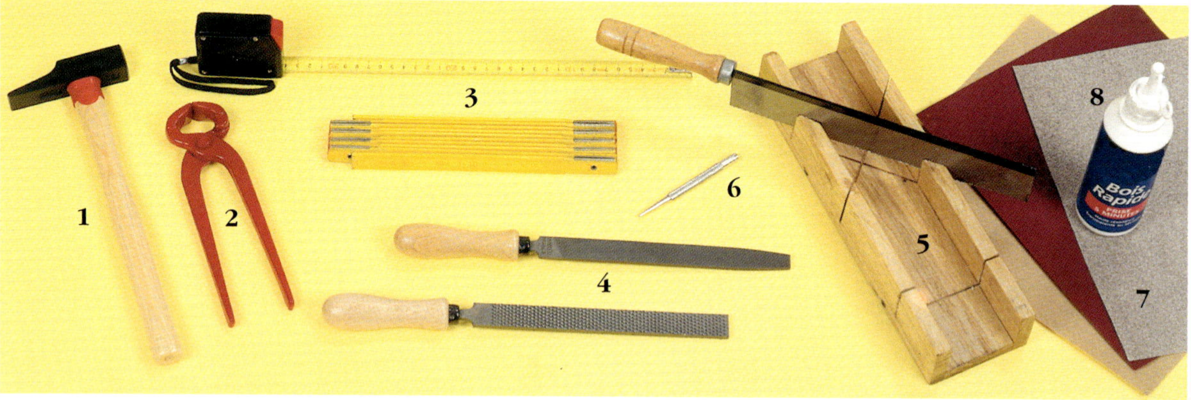

*Marteau (**1**), tenaille (**2**), mètres pliant ou à ruban (**3**), râpe et lime (**4**), scie à onglet et boîte de coupe à onglet (**5**), chasse-clou (**6**), papier de verre 80, 100, 150 (**7**), tube de colle à bois (**8**).*

Outillage complémentaire

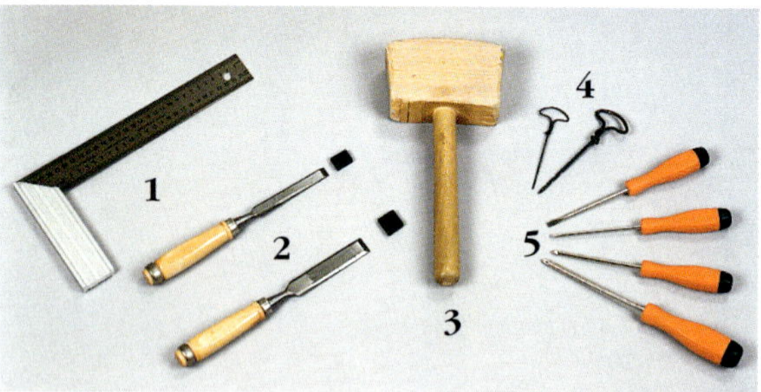

Si tu veux aller un peu plus loin, il faudra ajouter quelques autres outils dans ta caisse. Mais attention, il y a là des outils qui coupent. À toi de voir avec un adulte ce que tu peux utiliser.

*← Équerre à chapeau (**1**), ciseaux 10, 20 (**2**), maillet (**3**), vrilles (**4**), tournevis plat et cruciforme (**5**).*

Des accessoires pour varier et simplifier le travail

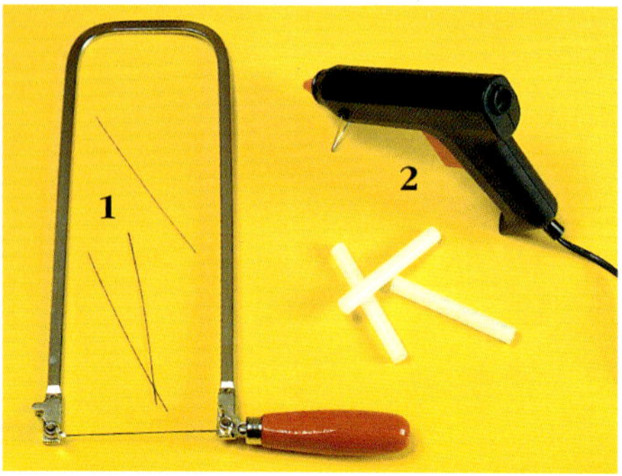

Au fil des réalisations, nous utiliserons quelques accessoires supplémentaires.

*Scie à découper le contreplaqué (**1**), pistolet à colle (**2**), pyrograveur (**3**).*

Bois ou panneaux

Les objets que tu vas fabriquer ne sont pas tous réalisés avec les mêmes matériaux.

Pour simplifier, nous pouvons dire qu'il existe le bois massif et les dérivés du bois.

LE BOIS MASSIF

Le bois massif est facile à trouver en planches ou baguettes longues.

Je te propose d'utiliser des bois tendres, faciles à clouer, tel que pin, sapin ou peuplier.

Pour certaines parties, nous utiliserons du bois plus dur, comme le hêtre.

Pin (1), sapin (2), peuplier (3), hêtre (4).

LES DÉRIVÉS DU BOIS

Les dérivés du bois que je te propose d'utiliser sont :

– Les contreplaqués (des feuilles de bois très fines collées les unes sur les autres en couches croisées). En petites épaisseurs, ces panneaux sont solides et légers.

– Les panneaux de particules (des copeaux mélangés avec des colles et pressés pour obtenir des plaques de la bonne épaisseur). Ces panneaux sont plus lourds et moins solides que les contreplaqués, mais ils sont moins chers.

Ces panneaux existent en qualité résistant à l'eau, nous les appelons « extérieurs ». Ils sont utilisés pour des travaux qui doivent résister durablement à la pluie et à l'humidité.

Panneaux de particules (1) et contreplaqué (2).

Clous et vis

Bien sûr, tu sais ce que c'est qu'un clou ou une vis.

En fait, ce que nous avons l'habitude d'appeler clou est en réalité une pointe, les clous étant autrefois forgés. Nous parlerons donc de pointes. Par contre, nous dirons clouer, car c'est le verbe qui convient.

LES POINTES

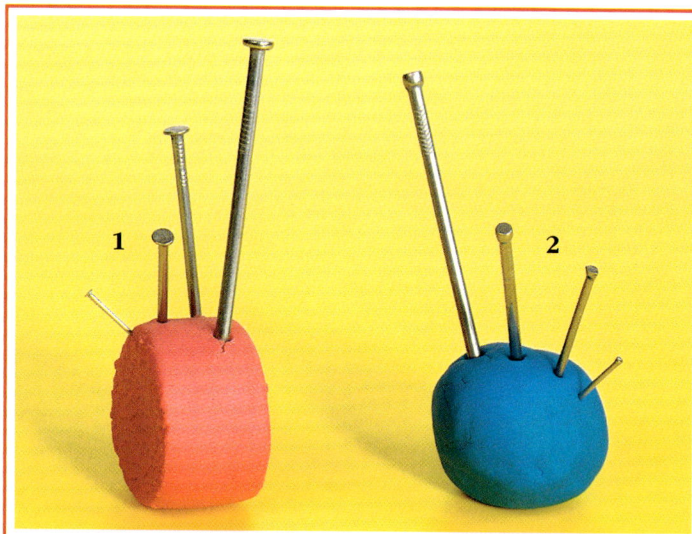

*Pointes « tête plate » (**1**) et « tête homme » (**2**) de 15, 30, 50 et 70 mm.*

À RETENIR :

La longueur et la forme de la tête donnent leurs noms aux pointes.

Nous dirons par exemple une pointe de « 50 tête plate » ou « 50 tête homme ». (Pour simplifier, si cela n'est pas précisé, il s'agit de pointes têtes plates).

Les « têtes plates » sont utilisées pour les clouages qui doivent bien résister à l'arrachement.

Les « têtes hommes » sont plus fines et utilisées si l'on ne veut pas trop voir les têtes.

LES VIS

À RETENIR :

La forme de la tête, le diamètre, la longueur donnent leurs noms aux vis.

Nous dirons par exemple une vis V.B.A.* de 4,5 x 50 ou une vis tête fraisée de 3 x 25.

1

1. Vis têtes fraisées de
- *2,5 x 16,*
- *3 x 25,*
- *3,5 x 30,*
- *4 x 50 et*
- *5 x 70 mm.*

2. Vis têtes rondes de
- *3 x 20,*
- *4 x 45 mm.*

3. Vis V.B.A. de
- *3 x 20,*
- *3,5 x 30,*
- *4,5 x 50,*
- *5 x 80,*
- *6 x 120 mm.*

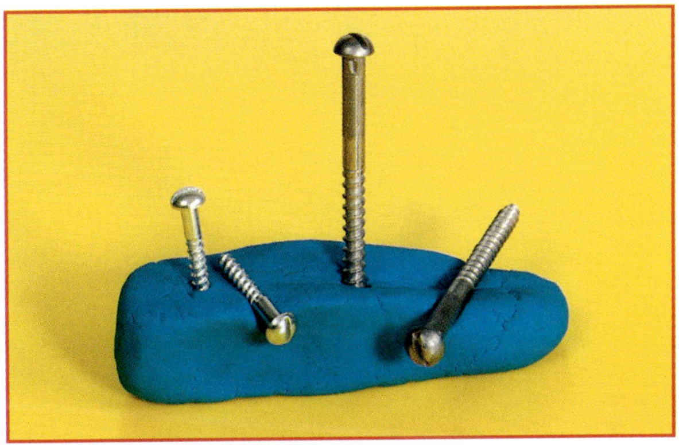

2

←
Tire-fond avec tête à 6 pans.

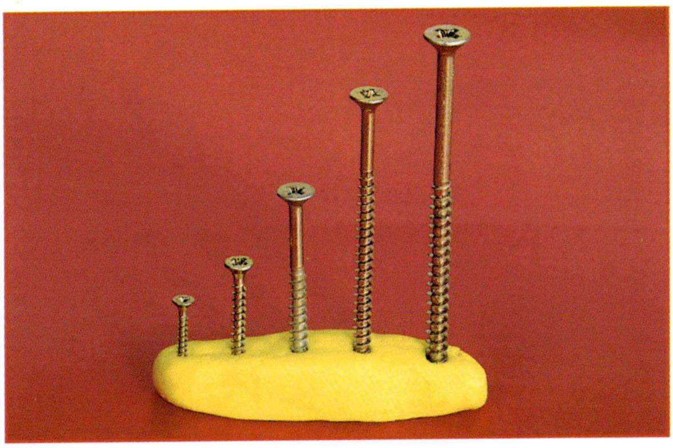

3

Nous utiliserons essentiellement des vis V.B.A., plus faciles à visser.

** V.B.A. — Vis à bois aggloméré.*

Les colles

Pour toi, il y a trois sortes de colle possible.

LA COLLE VINYLIQUE

Cette colle est aussi appelée colle blanche, colle à bois...

Utilisation

Elle est utilisée pour tous les collages de bois et dérivés du bois.

Si elle est bien utilisée, cette colle a une excellente résistance. Elle pénètre et s'ancre dans le bois.

Elle doit être serrée pour tenir. Le temps de séchage varie de 15 minutes à 4 heures.

LA COLLE « HOT-MELT »

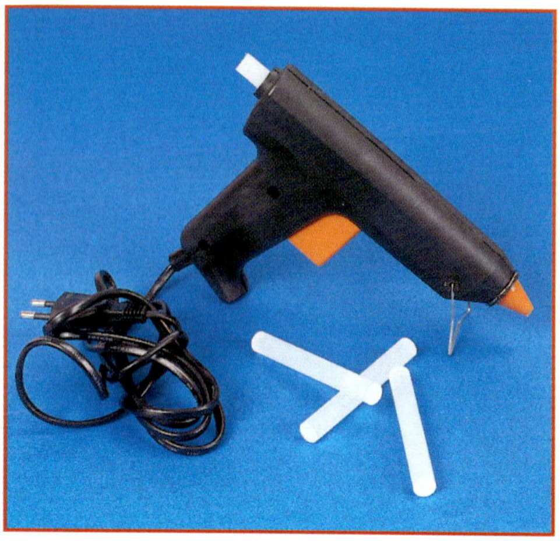

Un nom bien barbare pour simplement dire qu'elle fond lorsqu'on la chauffe !

Cette colle est celle utilisée dans les pistolets électriques à colle. Elle s'achète sous forme de bâtonnets que l'on introduit dans le pistolet.

Les rouleaux de chants de placages que l'on applique au fer à repasser sont garnis de la même colle.

Utilisation

Attention, la colle est très chaude (environ 300 °C) en sortant du pistolet.

Cette colle est facile d'emploi pour des petites pièces que l'on veut coller à plat.

Il faut assembler les pièces très vite, avant que la colle ne se refroidisse. Il suffit de serrer les pièces à la main durant 30 secondes.

Cette colle ne convient pas pour des assemblages du genre tenons-mortaises.

Sa tenue est moins bonne que celle de la colle vinylique.

LA COLLE NÉOPRÈNE

Aussi appelée colle de contact.

Utilisation

Cette colle est utilisée pour assembler de grandes plaques de petites épaisseurs. Par exemple, les plaques de stratifiés sont collées ainsi lorsque l'on ne dispose pas de grandes presses.

Pour l'appliquer, il faut impérativement encoller les deux faces (double encollage), laisser sécher 10 à 20 minutes, et assembler en pressant très fort un bref instant (marteler la surface en intercalant une cale martyre).

Quelques trucs bons à connaître

COMMENT PARLE-T-ON D'UNE PIÈCE DE BOIS ?

Fil, plat, chant, about

Ces mots définissent le sens des fibres et les côtés d'une planche de bois.

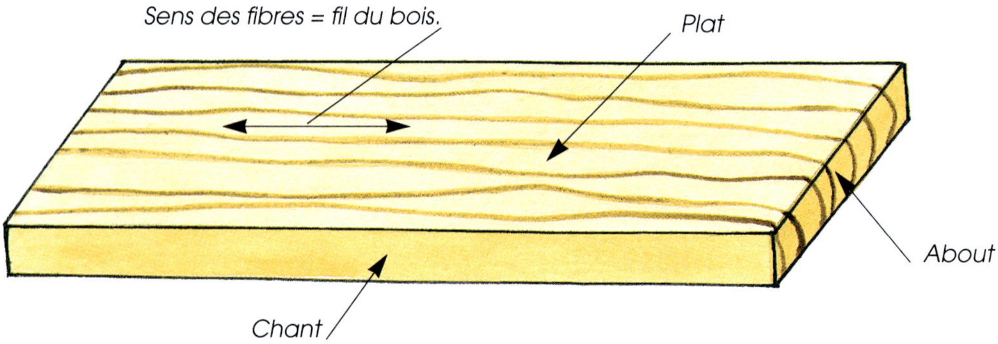

Longueur, largeur, épaisseur...

Pour une planche, la longueur n'est pas forcément la plus grande mesure, mais celle-ci est mesurée suivant le fil du bois.

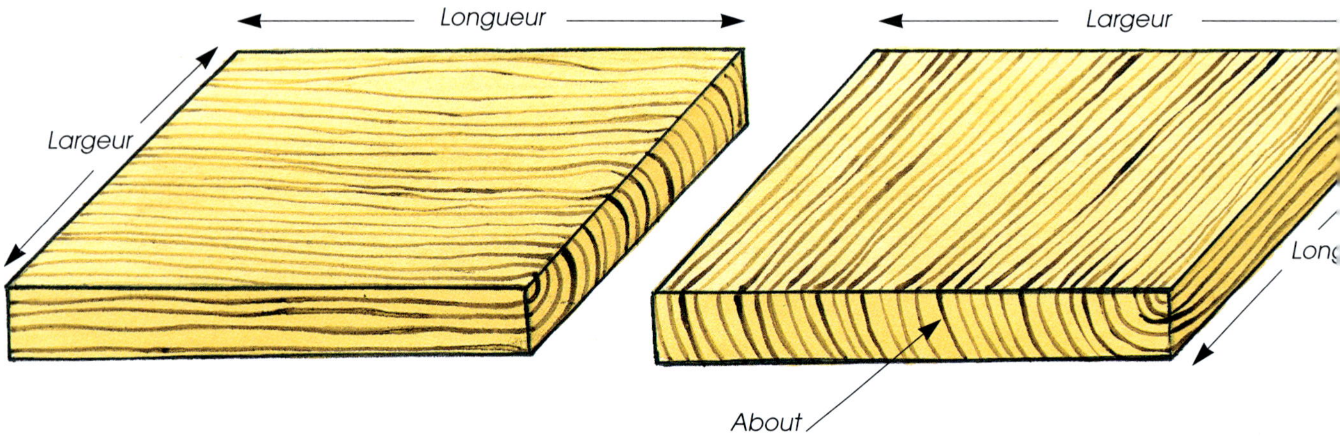

COMMENT SCIER LE BOIS ?

Prend l'habitude de ne pas appuyer sur ta scie.

Fais simplement un mouvement d'avant en arrière, en la laissant glisser sur le bois. Si elle est correctement affûtée, son poids suffit à la faire avancer.

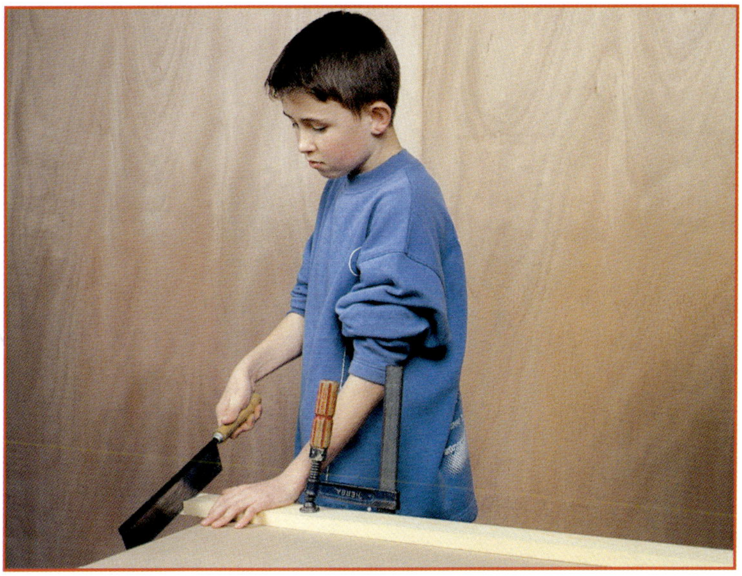

Pourquoi ma pièce est-elle trop courte ?

« Même lorsque mon traçage est précis, la pièce que je scie est trop courte. »

Cela vient du fait que tu ne respectes pas le traçage. Il ne faut pas que tu coupes sur le trait que tu as tracé, mais juste à côté. Il faut que ton trait, ta pièce une fois sciée, soit encore visible. Ce n'est que comme cela que tu obtiendras des pièces à la bonne mesure.

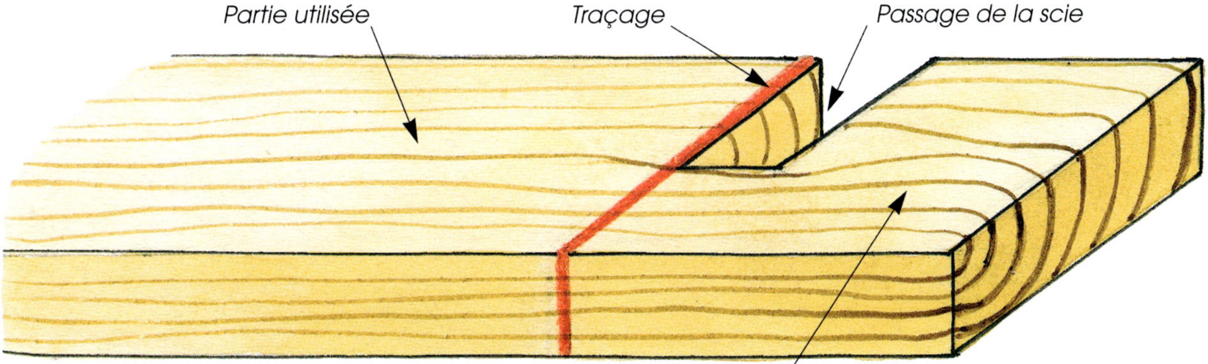

COMMENT SCIER AVEC UNE SCIE À DÉCOUPER ?

Préparation pour le sciage

Fixation du support.

Le support de sciage est fixé sur la table à l'aide d'un petit serre-joint.

Montage de la lame de scie.

Les dents de la lame de scie sont tournées vers la poignée, de manière à ce que la scie travaille en descendant.

Sciage

Il faut tenir la scie droite pour réaliser un sciage de bonne qualité. Pour y arriver, tu peux travailler accroupi, l'épaule étant à la hauteur du support.

Le serre-joint est placé de sorte à ne pas dépasser du support, pour permettre la libre rotation de la plaque de contreplaqué.

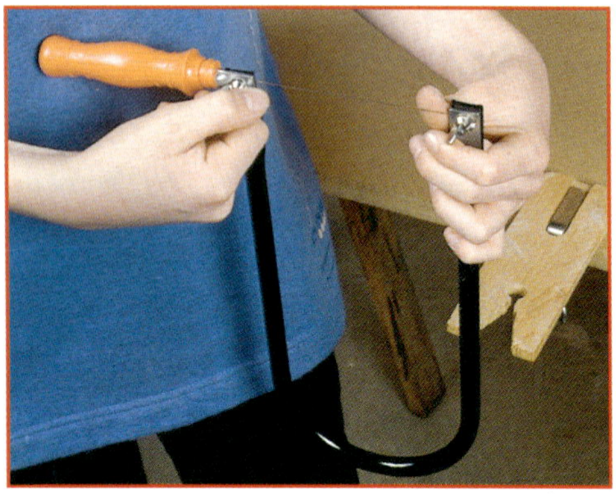

La lame est d'abord serrée dans la pince côté poignée, bien droite.

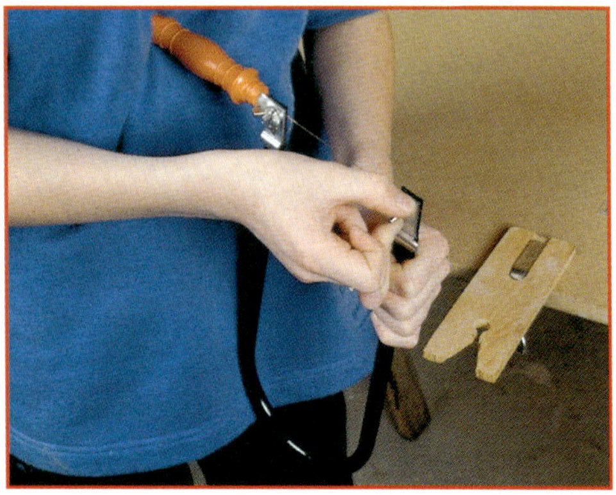

Il faut tendre la monture pour serrer la deuxième vis. Tu peux le faire en la tirant vers toi, poignée appuyée contre ton ventre.

Sciage en position accroupie.

Tu peux également scier en étant assis. Dans ce cas, il faut utiliser un support plus grand qui est surélevé.

Sciage en position assise.

Pour réaliser des découpages internes, il faut percer un petit trou dans la partie à évider, démonter la lame à moitié, l'introduire dans le trou et la retendre.

À RETENIR :

— Pour scier droit, il faut te tenir droit.

— Tu dois lubrifier la lame de scie en passant toutes les minutes un petit morceau de paraffine ou de savon.

— Ne crispe pas les doigts sur la poignée. Tu dois tenir la scie comme tu tiendrais un oiseau ; trop fort, tu l'étouffes, pas assez fort il s'envole.

COMMENT CLOUER ?

Facile, il suffit de tenir la pointe (pour l'amorce seulement !) et de taper dessus avec le marteau. Non, en fait, c'est un peu plus complexe que cela.

– Tenir le marteau au bout du manche.

– Taper à petits coups secs, en essayant de bouger seulement le poignet, l'avant-bras restant immobile.

Évite de taper plusieurs fois sur la pointe lorsqu'elle est enfoncée, tu risques de la desserrer.

Si tu veux mieux rentrer la tête, utilise le chasse-clou.

Je décris en détail le clouage d'une boîte, avec plein de petits trucs, dans une fabrication appelée : **Boîte à pointes** (voir pages 24 à 27).

Mais voilà, les pointes ont une fâcheuse tendance à se tordre au bout de deux ou trois coups de marteau.

D'autres fois, elles sortent de côté, à l'intérieur ou à l'extérieur, lorsque je cloue des pièces fines.

Il arrive aussi que le bois se fende quand je cloue.

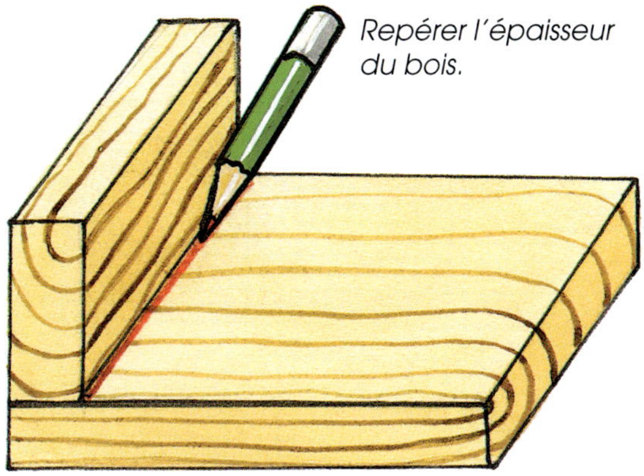

Que faire si mes pointes sortent de côté quand je cloue ?

Avant de clouer, il faut repérer l'emplacement des pointes.

Elles doivent être placées à mi-épaisseur de la pièce à assembler et être enfoncées bien droites.

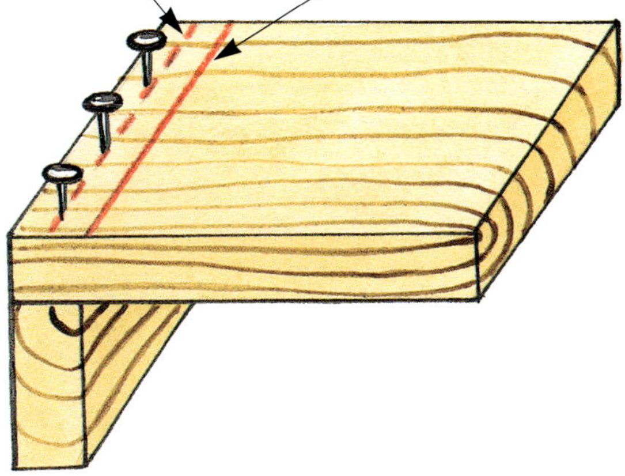

Que faire si mes pointes se tordent ?

– D'abord, nettoyer la panne (partie qui cloue) du marteau. Les traces de colle ou autre la rendent glissante et la font déraper.

– Dès que l'on sent ou voit que la pointe se tord, il faut essayer de la redresser en donnant un petit mouvement circulaire au marteau tout en clouant.

Si cela ne suffit pas, il faut tout de suite redresser la pointe en la tapant de côté. Si cela ne va pas mieux, n'hésite pas à prendre la tenaille pour arracher la pointe récalcitrante.

Prends l'habitude de ne pas enfoncer une pointe tordue !

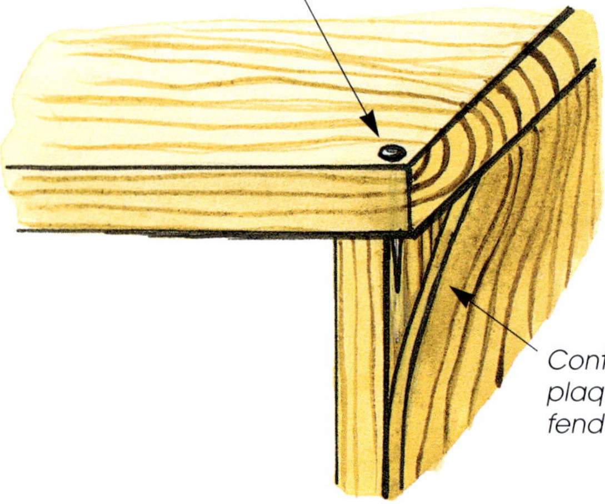

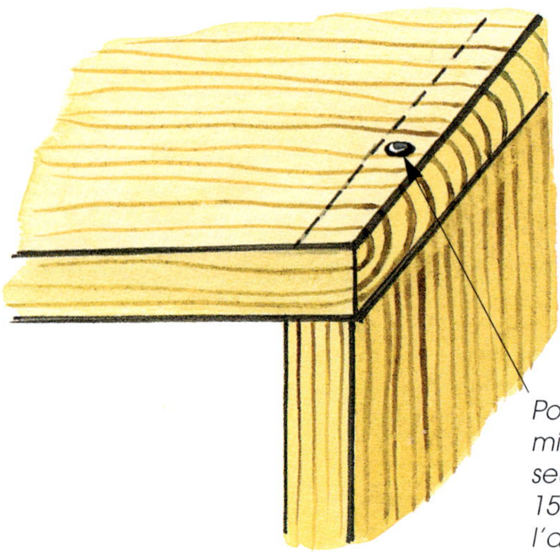

Pourquoi mon bois se fend-il quand je cloue ?

La raison la plus fréquente de ce problème est que les pointes sont placées trop près des angles.

Pour supprimer cet inconvénient, nous allons planter les pointes à une distance de l'angle au moins égale à la demi-longueur de la pointe. Par exemple, pour une pointe de 40, nous resterons à 20 mm de l'angle. (Cela ne va pas toujours, mais chaque fois que c'est possible, essayons de respecter cette règle).

Pour le bois massif, lorsqu'il faut planter les pointes près du bout, il faut mater (écraser) les pointes avant de les enfoncer. Une autre solution consiste à couper la pointe (pour les petites tailles) avec la tenaille.

COMMENT VISSER ?

Nous allons envisager deux cas :

Poser une ferrure

La ferrure est déjà percée, il suffit de faire un avant-trou avec un tournevis pointe carrée ou avec une vrille avant de visser.

Assembler deux pièces de bois

Pour obtenir une bonne tenue, il faut percer entièrement la première pièce. Le filetage de la vis ne prend que dans la deuxième pièce, en serrant le tout.

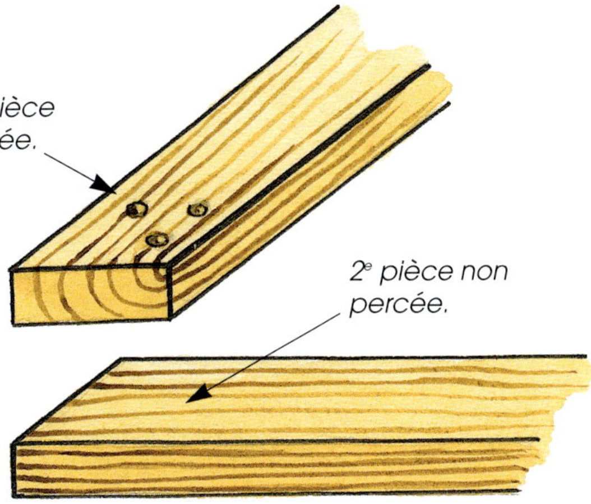

Il est assez fastidieux de percer des trous à la main, le secours d'un adulte avec sa perceuse serait sûrement le bienvenu.

Les vis têtes rondes restent en relief sur le bois, tandis que les têtes fraisées sont prévues pour être encastrées.

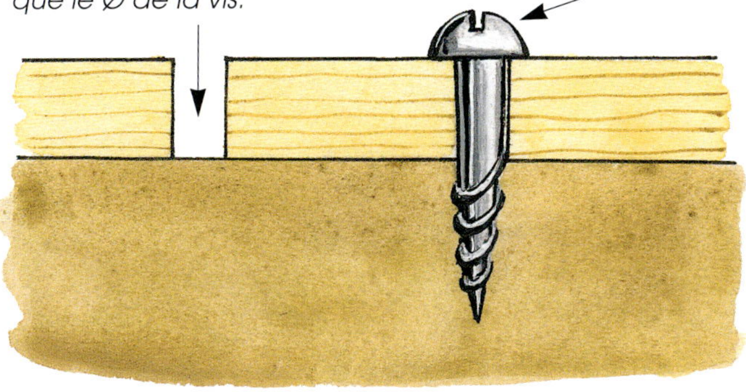

Le vissage est beaucoup facilité par le perçage d'un avant-trou.

Lorsque l'on perce un trou pour une vis, surtout dans le bois dur, il faut fraiser l'emplacement de la tête de vis.

Labyrinthe

La fabrication que je te propose là est un bon entraînement pour tracer et clouer. Une fois terminé, ce sera un jeu d'adresse pour lequel tu pourras toi-même inventer les règles.

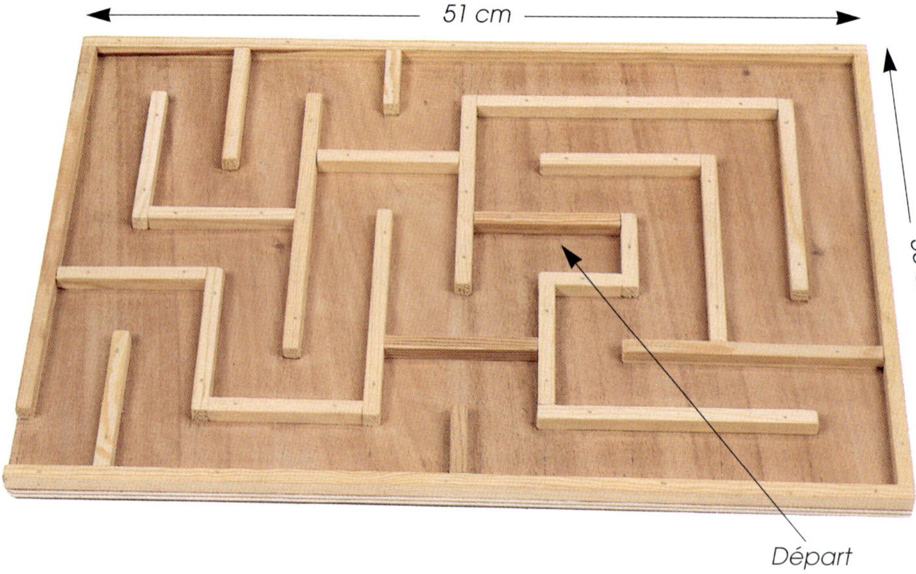

TON MATÉRIEL :

- Panneau de particules ou contreplaqué épaisseur 10, 12 ou 16 mm : une planche de 0,51 x 0,36 m.
- Petites baguettes en bois tendre, sapin ou pin, épaisseur de 10 mm : 5 m, à couper en morceaux.
- Pointes 10 mm plus longues que l'épaisseur des baguettes.

TES OUTILS :

Mètre, marteau, tenaille, scie à onglet, papier de verre fin, tube de colle à bois.

Boîte de coupe à onglet (pas indispensable, mais pratique).

RÉALISATION

Tracer

– Trace sur le pourtour du panneau un trait à 0,5 cm du bord.

– Trace à partir de ces traits un quadrillage de 5 cm. (Fais des traits fins, cela te permettra d'effacer les traits inutiles à la fin).

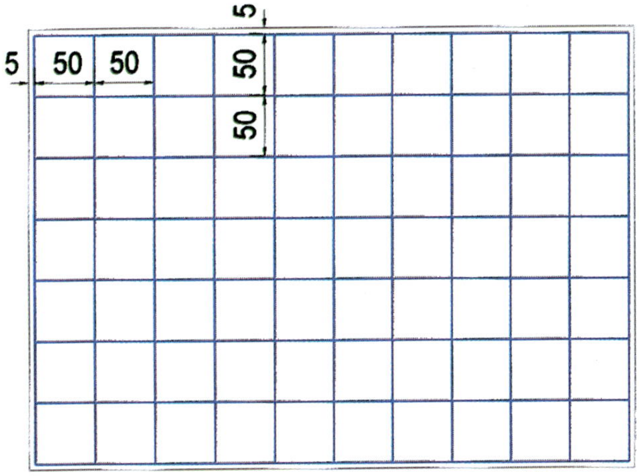

– Dessine le labyrinthe que je te propose (ou un autre que tu inventes) en repassant fort les traits là où seront clouées les baguettes.

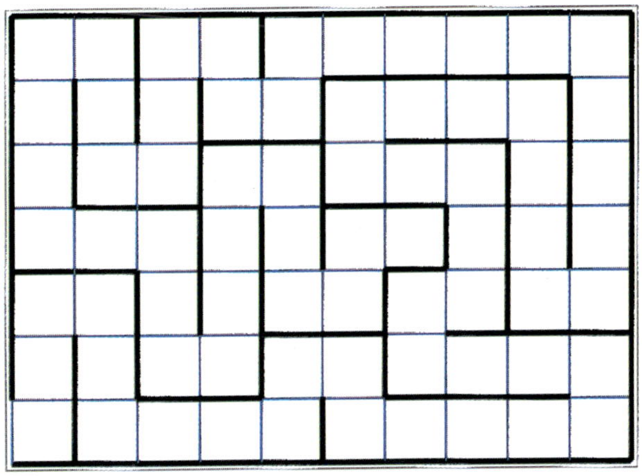

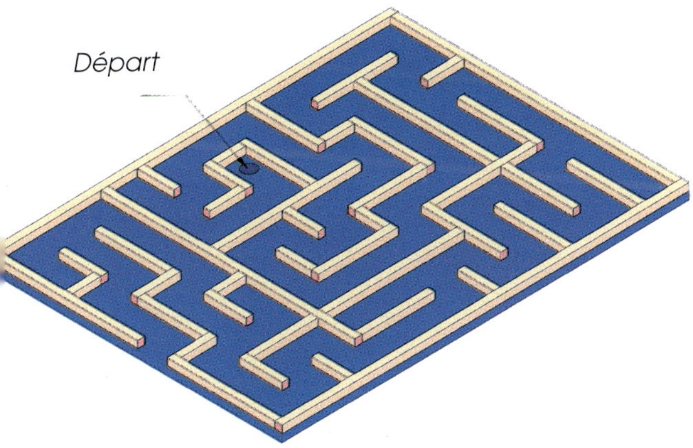

Exemple d'un autre modèle.

– Trace la moitié de la largeur des baguettes de chaque côté de ces traits forts.

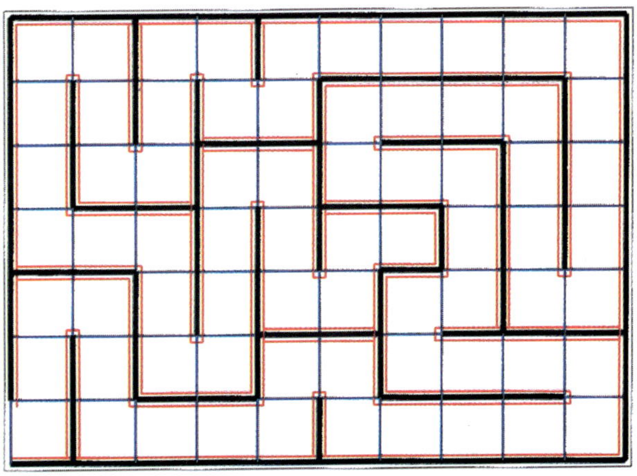

(1)

(2)

(3)

(4)

(5)

(6)

Préparer et poser les baguettes

Coupe une première baguette pour la longueur. (La longueur à prendre est celle correspondant à l'extérieur du traçage).

Avant le clouage, ponce un peu les extrémités (2) et les angles supérieurs de la baguette (3).

Prépare le clouage en amorçant le clouage de toutes les pointes (1).

Pour cette longueur, prévoie 5 pointes, les premières à 3 cm du bout.

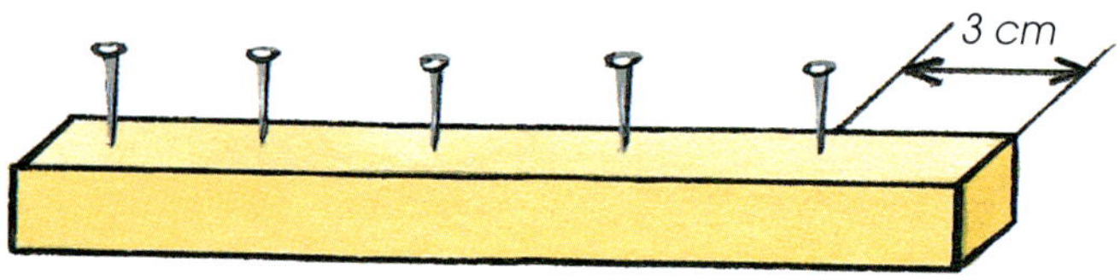

Avec ton tube de colle, pose quelques petits points de colle juste sur le trait de la plaque (4). (Ou sous la baguette).

Positionne la baguette et enfonce les pointes (5).

Procède de la même façon pour la deuxième baguette longue. N'oublie pas le petit coup de ponçage. Les baguettes qui ferment les côtés sont ajustées, préparées et collées à leur tour. Pense à laisser libre la sortie pour la bille (6).

Enfin, coupe et met en place les baguettes intérieures, en commençant par les plus longues. Ponce encore un peu l'ensemble. Si tu peux, donne un coup de cire ou de vernis pour parfaire le travail.

COMMENT JOUER ?

Ton matériel sera constitué par une ou deux billes par joueur et une baguette ronde de la grosseur d'un crayon de 30 à 50 cm qui servira de queue de billard.

Je te propose quelques possibilités d'utilisations, à toi d'en inventer d'autres.

Il s'agit de faire sortir la bille sans sauter les baguettes :

- Dans le moins de temps possible en la poussant en continu avec la baguette ou un crayon.
- Joue en le moins de coups possibles avec les doigts comme pour le jeu de billes traditionnel.
  Utilise la baguette « queue de billard » en jouant contre la montre ou pour battre ton score.
- Propulse la bille en utilisant une bille tampon.

À deux ou plus :

- Utilisez les mêmes règles, en jouant chacun à votre tour, avec vos propres billes, en faisant attention de ne pas faire avancer l'adversaire.

Tu peux augmenter la difficulté en laissant quelques baguettes plus longues, ce qui créera des étranglements.

Lorsque tu connaîtras bien le circuit, rien ne t'empêche de créer des pièges en rajoutant des petits morceaux de baguettes ou en plantant quelques pointes.

Tu peux aussi fixer des handicaps en délimitant des zones interdites, par exemple des petites baguettes coloriées en rouge qui obligent à recommencer si on les touche.

Et si ton copain, ton frère ou ta sœur se fabriquait le même plateau, vous pourriez faire des concours en parallèle.

Boîte à pointes

Cette boîte à pointes est prévue pour prendre place dans la caisse à outils décrite pages 28 à 31.

Les mesures sont données pour poser deux boîtes dans la caisse à outils.

TON MATÉRIEL :

- Contreplaqué épaisseur 10 mm :
  2 longerons (**1**) de 20 x 5 cm.
  3 traverses (**2**) de 13,5 x 5 cm.
- Contreplaqué épaisseur 5 mm :
  1 fond (**3**) de 20 x 15,5 cm.
- Pointes têtes hommes 15 et 25 mm.

TES OUTILS :

Crayon, marteau, tenaille, papier de verre gros et fin, chasse-clou, tube de colle à bois.

RÉALISATION

Ta boîte à pointes est constituée de 3 sortes de pièces différentes qui sont numérotées de (1) à (3).

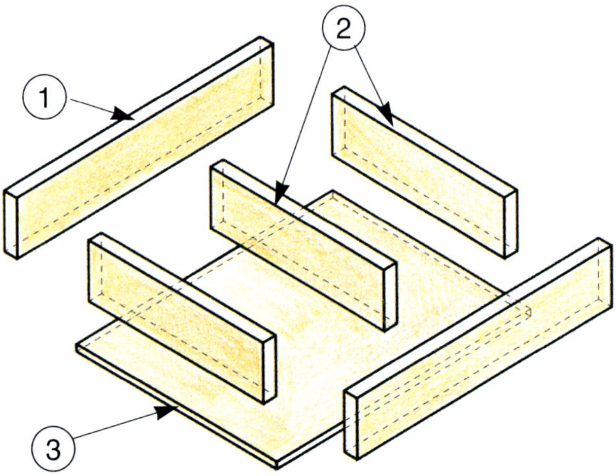

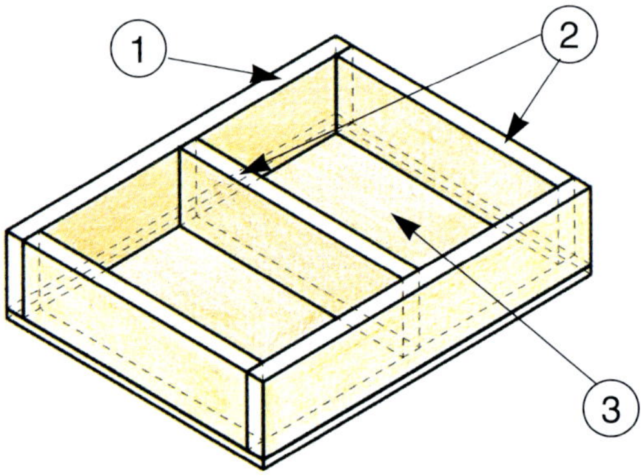

Préparer les longerons

Pose les longerons (1) sur la table, plat extérieur vers toi.

Trace l'épaisseur des traverses en utilisant une de ces pièces (2) pour la mesure.

Tous ces traçages doivent être légers et fins.

Fais un trait à mi-épaisseur des traverses.

Marque l'emplacement des pointes (3 pointes de 25 H, voir page 8).

Amorce le clouage des pointes.

Lorsque tu auras pris un peu d'expérience, tu pourras te dispenser du traçage. Par contre, il faut toujours amorcer le clouage avant l'assemblage (au moins les pointes des angles).

Assembler la boîte

Encolle les traverses (2) (en about, avec un peu de colle) et pose-les sur la table.

Si tu disposes d'un établi, fixe une traverse dans la pince. Dans le cas contraire, tu as intérêt à les caler avec des chutes de bois ou autres. Encolle légèrement le premier longeron.

Positionne le longeron sur les traverses, enfonce les pointes des angles provisoirement en les laissant dépasser de 5 mm environ (pour pouvoir éventuellement les ressortir avec la tenaille).

À RETENIR :

Avant d'enfoncer complètement les pointes d'un assemblage, vérifie sur toutes les faces si aucune ne dépasse ou ne fait une bosse. Si c'est le cas, il faut la remplacer, en la changeant un peu de place pour ne pas retomber dans le même trou.

À RETENIR :

La colle tient d'autant mieux qu'elle est bien serrée. L'action de chasser les pointes a pour résultat de serrer les assemblages.

Le collage des angles est donc sensiblement renforcé si les pointes sont chassées avec le chasse-clou avant le séchage de la colle.

Enfonce les pointes restantes comme les premières.

Après contrôle comme le montre la photo, tu peux enfoncer à fond les pointes.

Le deuxième longeron est encollé et cloué de la même manière.

REMARQUE :

Tu peux penser que cela fait beaucoup de complications pour clouer deux bouts de bois.

En fait, ce que je te demande, c'est d'apprendre la qualité. Si tu suis mes conseils, tu te rendras compte que bien travailler est aussi rapide que mal travailler. Par contre, cela donne beaucoup plus de satisfaction.

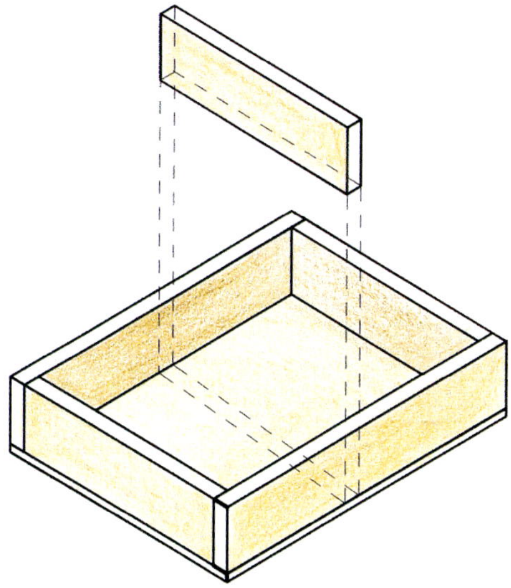

Les séparations intérieures

Il est prévu une séparation dans la boîte. Tu peux en mettre une, deux ou aucune, à ton idée.

Prépare les longerons pour la pose de la séparation. (Repérage : intérieur pour la colle et la position, extérieur pour le clouage).

Encolle la séparation et le longeron. Cloue en n'oubliant pas de contrôler si les pointes sont bien dans le bois.

Poser le fond

Le fond (3) est préparé comme les longerons.

Le clouage est amorcé avec les pointes de 15 H. Un petit ruban de colle est déposé sur le chant des pièces et sur le fond.

Il est ensuite positionné avec précision, et les quatre pointes des angles enfoncées provisoirement en les laissant dépasser de 5 mm.

Le fond étant coupé d'équerre, il faut le cas échéant légèrement déformer les angles de la boîte pour les égaliser avec le fond.

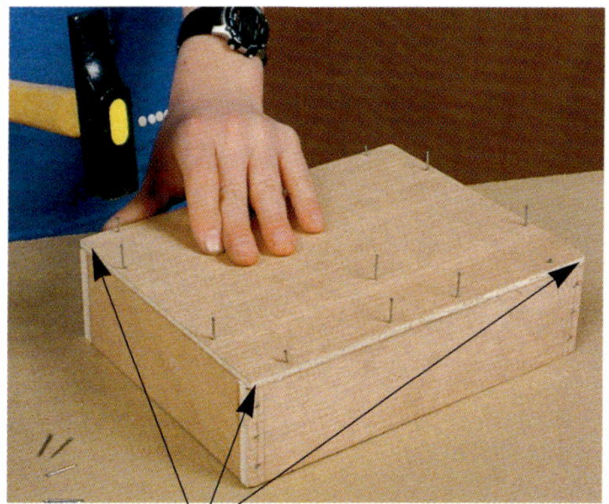

Égaliser le fond avec le cadre de la boîte.

Toutes les pointes sont ensuite enfoncées (à 5 mm). Après un rapide contrôle intérieur et extérieur, les pointes sont enfoncées définitivement.

Nouveau rapide contrôle après le clouage.

Finition

Tous les angles de ta boîte sont poncés et adoucis (légèrement arrondis pour ne pas couper).

Une fine couche de lasure ou d'huile de lin évitera que ta boîte se salisse très vite.

Caisse à outils

Enfin ! Tes outils vont trouver une place prévue pour eux.

Je te propose de réaliser ta caisse en contreplaqué, mais tu peux très bien la réaliser en bois massif.

Tu vas remarquer que je te propose des épaisseurs de bois différentes pour les pièces de ta caisse. Il y a à cela deux raisons : le poids et le coût !

TON MATÉRIEL :

- Contreplaqué épaisseur 10, 12, 15 ou 20 mm :
  2 côtés (**1**) de 16 x 16 cm.
- Contreplaqué épaisseur 10 ou 12 mm :
  2 faces (**2**) de 46 x 16 cm.
- Contreplaqué épaisseur 5 ou 8 mm :
  1 fond (**3**) de 46 x 18 cm (ou 18,4 en fonction de l'épaisseur des faces).
- Lattes en hêtre de section 40 x 20 mm (si tu ne trouves pas de bois dur, prends du pin) :
  2 supports de poignées (**4**) de 35 cm
  1 poignée (**5**) de 46 cm.
- Petite baguette pin ou sapin, de section 10 x 10 mm (à 10 x 20 mm) :
  1 mètre, à couper en morceaux (**6**).
- Pointes têtes hommes 20 et 30 mm.
- Vis V.B.A. ou têtes fraisées :
  4 pièces de 4,5 x 50 (**7**)
  6 pièces de 4,5 x 30 (**8**).

TES OUTILS :

Mètre, crayon, scie à onglet, marteau, tenaille, râpe ou lime, papier de verre gros et fin, tube de colle à bois.

Réalisation

Ta caisse à outils est constituée de 6 sortes de pièces différentes qui sont numérotées de (1) à (6).

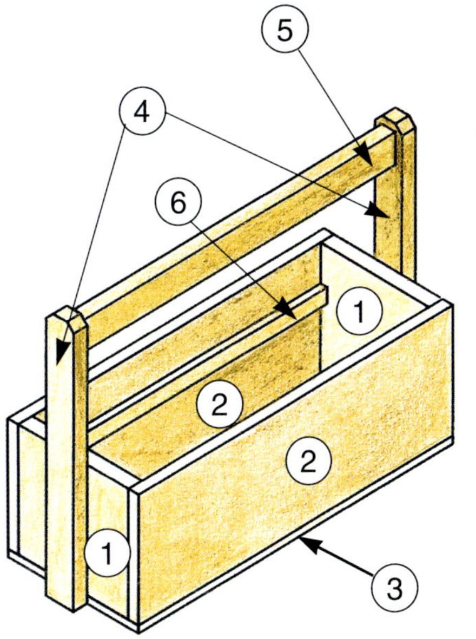

Préparer les faces

Pose les faces (2) sur la table, plat intérieur vers toi.

Trace l'emplacement des côtés et un trait à 5 cm du chant.

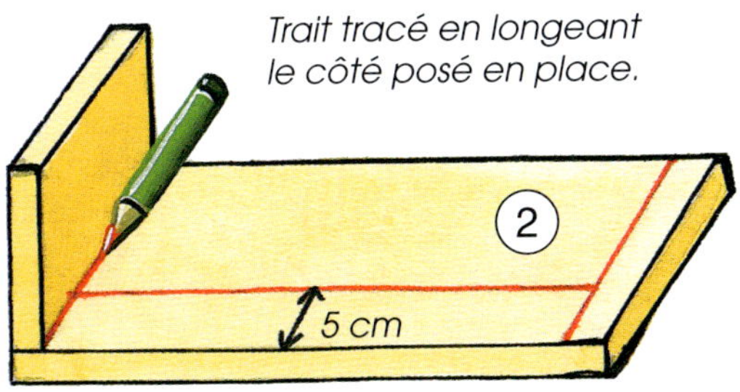

Coupe deux morceaux de baguette (6), encolle et cloue-les juste sous le trait à 5 cm.

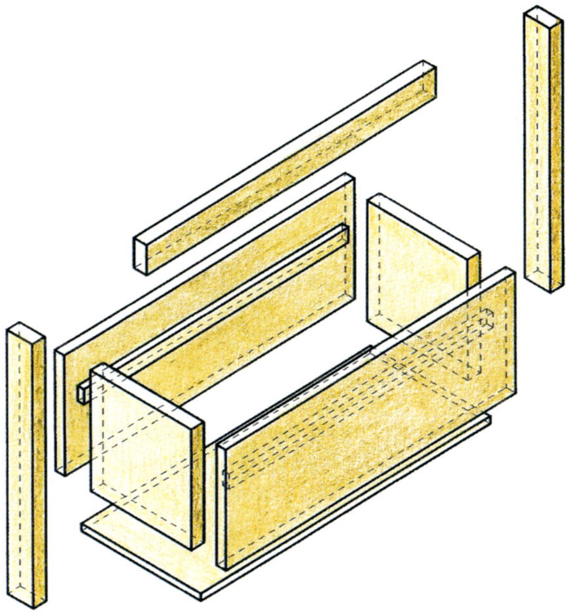

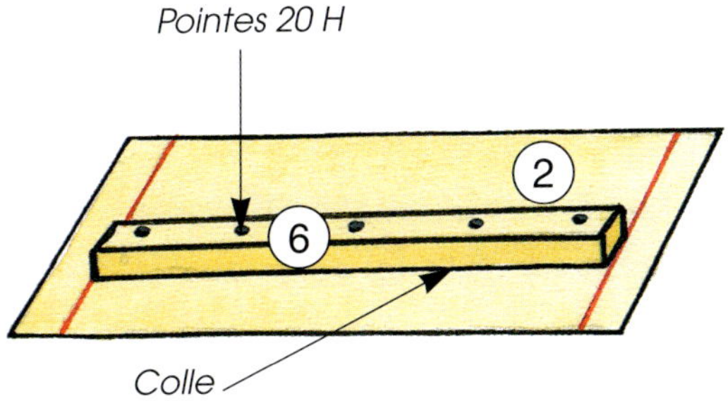

Ces baguettes serviront de support pour les boîtes à pointes ou plus simplement pour faire reposer un compartiment petit outillage.

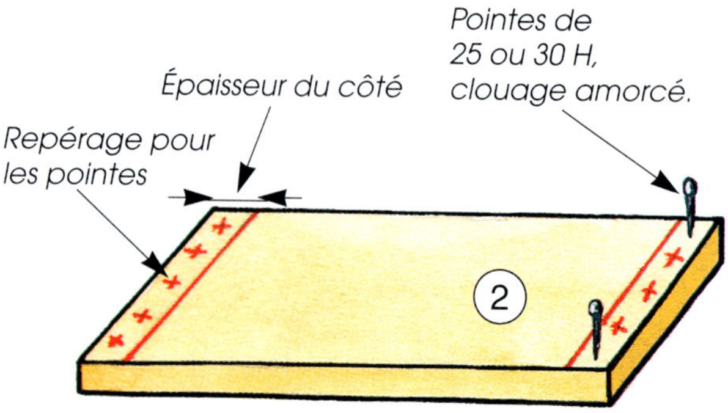

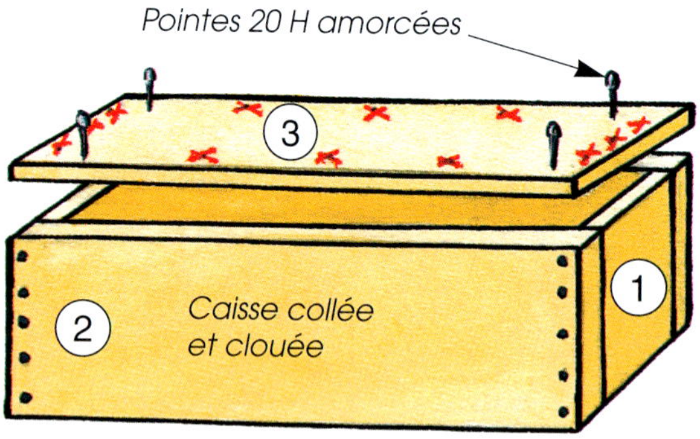

Retourne les faces.

Repère l'épaisseur des côtés et marque l'emplacement des pointes (5 pointes de 30 H suffisent).

Amorce le clouage des pointes extérieures.

Il n'est pas nécessaire d'amorcer le clouage de toutes les pointes ; celles des angles suffisent.

Ainsi préparés, les faces et les côtés sont encollés et cloués.

Poser le fond

Le fond (3) est préparé à son tour, encollé et cloué.

Chasse les pointes et ponce ta caisse.

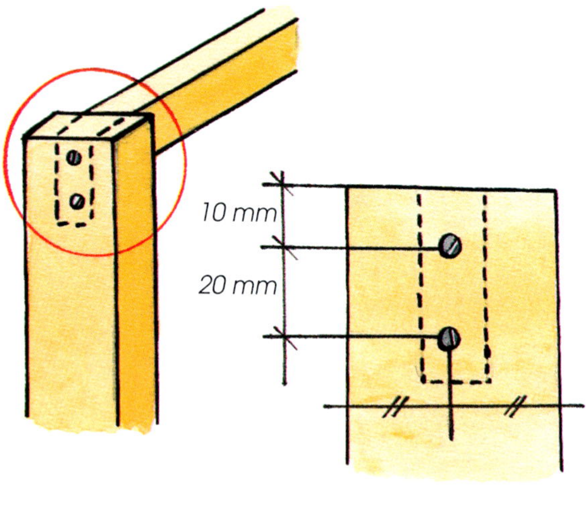

Fabriquer la poignée

Les pièces (4) et (5) sont assemblées par vissage.

Trace l'emplacement des perçages pour les vis. (Les mesures sont en millimètres).

Perce les trous pour les vis. Si tu utilises des vis têtes fraisées, n'oublie pas de fraiser.

Positionne le support (4) sur la poignée (5) tel qu'il sera vissé.

Pour éviter que la poignée ne se fende, il est prudent de faire un avant-trou pour les vis.

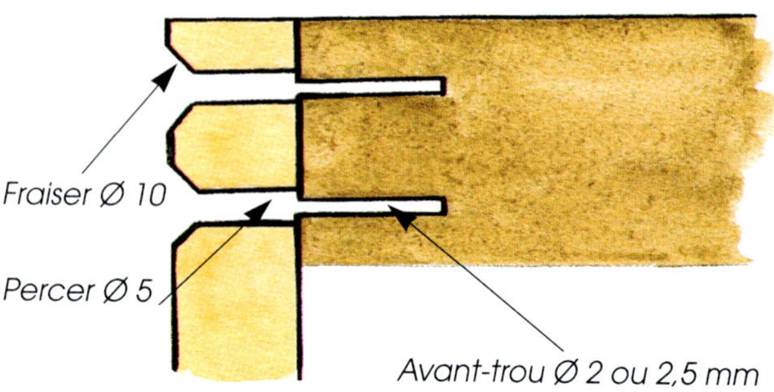

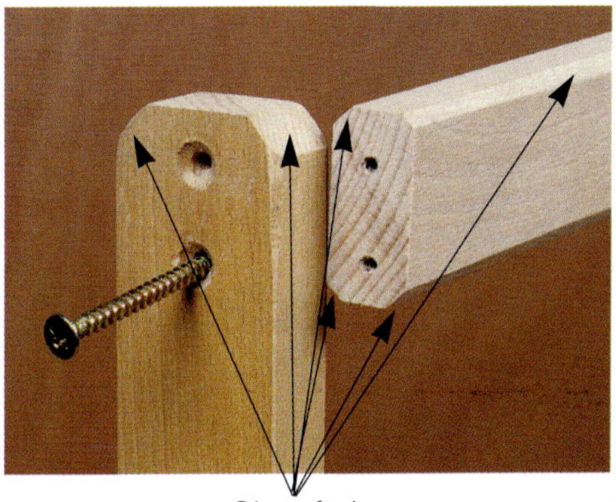

Chanfreins.

Avant de réaliser l'assemblage support-poignée, il faut les finir.

Lime un gros chanfrein sur les supports et sur la poignée.

Ponce bien tous les angles.

Visse (vis (7)) les supports sur la poignée.

Monter la poignée

Si tes côtés ont 15 ou 20 mm d'épaisseur, tu peux visser les supports de poignée par l'extérieur.

Dans le cas contraire, surtout si c'est du bois dur, il vaut mieux visser par l'intérieur.

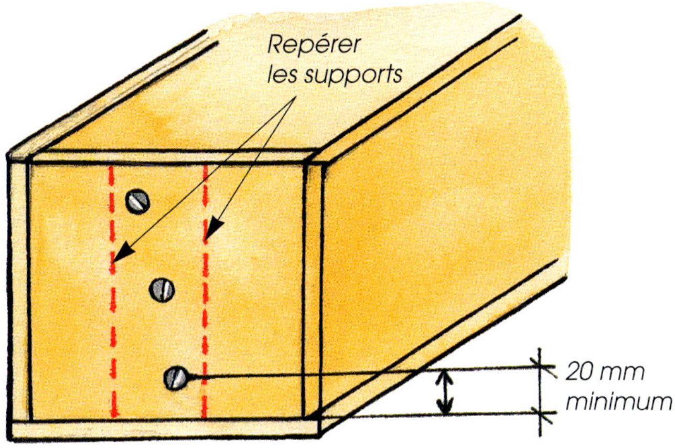

Pose l'ensemble en place, repère les deux côtés des supports.

Perce les trous, ils seront décalés en largeur, et celui du bas à au moins 20 mm du bas de la caisse.

Visse (vis (8)) les supports sur la caisse.

AMÉNAGEMENT DE LA CAISSE

Tu peux trouver de nombreuses possibilités pour aménager ta caisse à outils, de même que pour la partie supérieure.

Je t'en propose quelques-unes ici.

Tu as pu voir la description de la boîte à pointes pages 24 à 27.

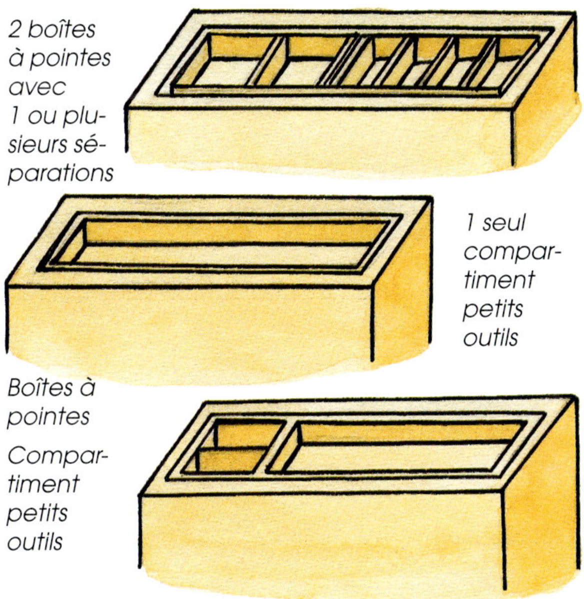

Mangeoires à oiseaux

Tu peux trouver de multiples idées pour réaliser des mangeoires à oiseaux.

Cela peut être une simple boîte en plastique, dans laquelle tu ménages quelques ouvertures.

Tu peux concevoir des constructions complexes, maisonnette au style de ta région ou un ensemble comprenant mangeoire et nichoir.

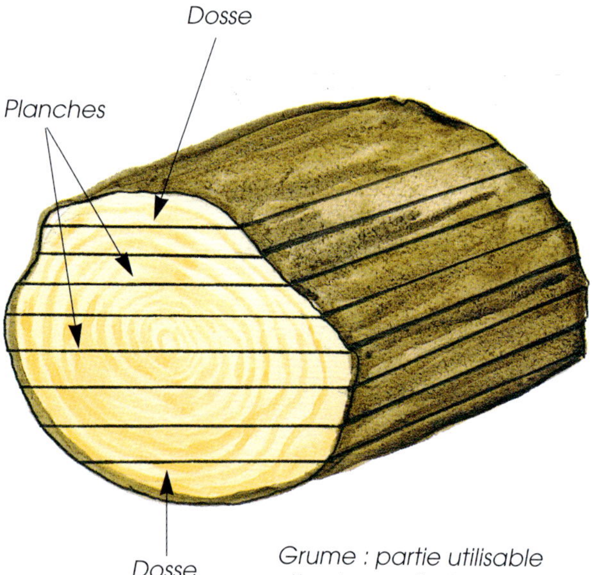

Grume : partie utilisable d'un tronc d'arbre.

MANGEOIRE RUSTIQUE

Elle peut être réalisée en bois brut ou en « dosses » de sapin ou de pin (les scieries en commercialisent à des prix très modiques).

À RETENIR :

Une dosse est une planche arrondie sur une face. C'est une chute que l'on obtient en sciant des planches dans une grume, un peu comme la croûte d'un grand pain si on voulait récupérer la mie.

TON MATÉRIEL :

Si tu ne trouves pas de dosses ou de planches brutes, tu peux remplacer les éléments par du contreplaqué ou des bouts de planche.

- Épaisseur plancher et toit : 10 à 15 mm pour du contreplaqué, 20 à 25 mm pour du bois massif.
- Pointes têtes plates : 25 à 50 mm suivant les épaisseurs.
- Branches pour poteaux et barrières à graines.

TES OUTILS :

Mètre, crayon, scie, marteau, tenaille, boîte de coupe.

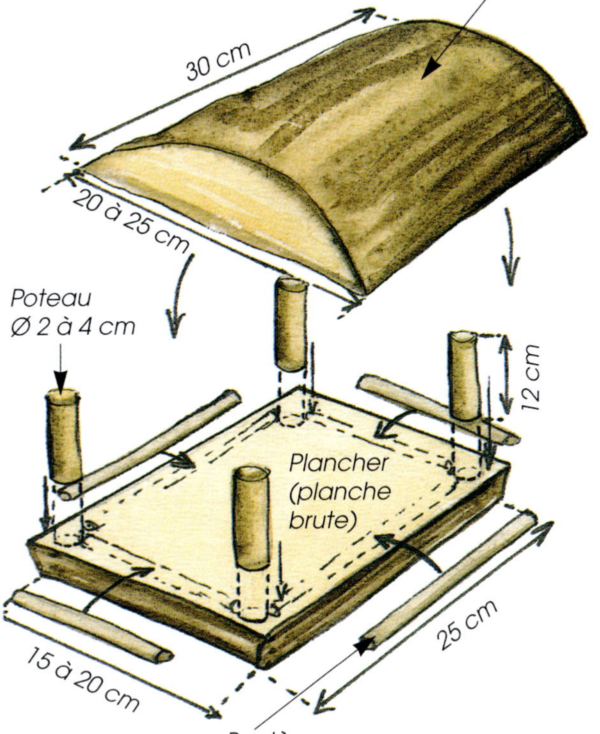

RÉALISATION

Préparer les poteaux

Coupe 4 morceaux de branche ou de baguette à 120 mm de long (avec une boîte de coupe tu couperas bien d'équerre).

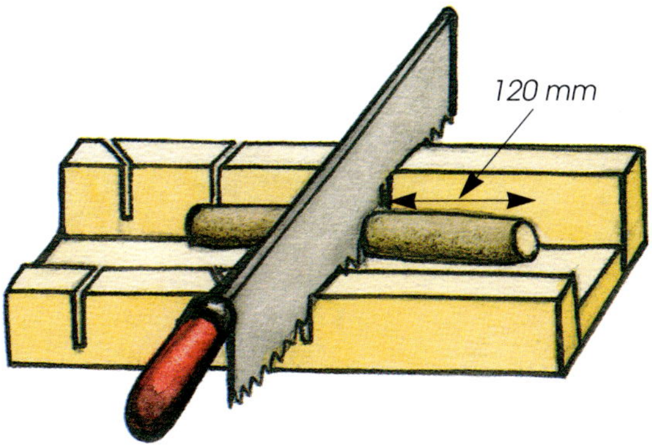

À RETENIR :

Pour couper avec précision plusieurs pièces à longueur identique, tu peux fixer une butée dans une boîte de coupe.

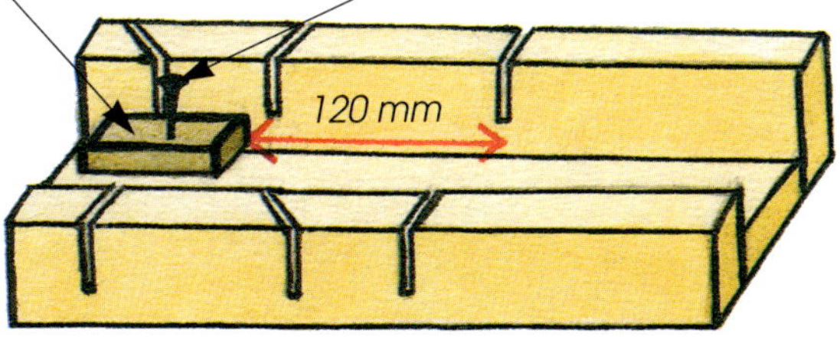

Ajuster plancher et toit

Si les mesures ne sont pas celles que j'ai indiquées, je te conseille de veiller à ce que le plancher soit de 5 cm plus petit que le toit.

Clouer les poteaux sur le plancher

Pose les poteaux verticalement à l'emplacement qu'ils auront (à peu près à 1 cm des coins). Traces-en le tour au crayon, pour pouvoir repérer le centre.

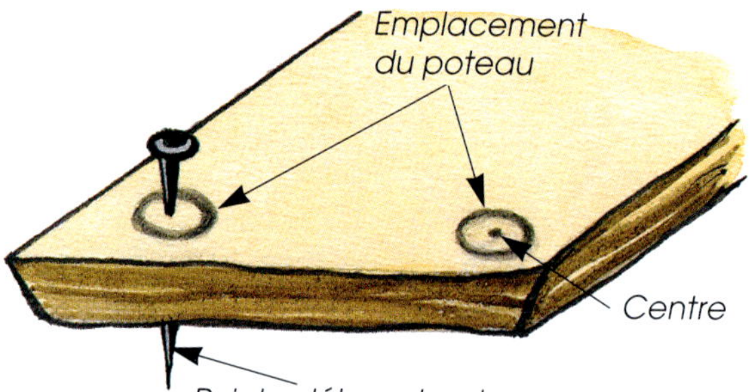

Enfonce une pointe dans ces centres jusqu'à ce qu'elle dépasse et arrache-la de nouveau. Tu auras ainsi marqué très facilement l'endroit où tu devras positionner et enfoncer les clous sur la face du dessous. (Si un adulte te perce un trou fin avec une perceuse, c'est encore plus facile).

À RETENIR :

Pour clouer, utilise des pointes ayant une longueur deux à deux fois et demie supérieure à l'épaisseur du bois du fond.

(Exemple : fond de 20 mm, pointes de 40 ou 50 mm).

Encolle la base des poteaux et cloue-les en plaçant la première pointe au centre. Avant d'enfoncer les pointes complètement, pense à vérifier qu'elles ne sortent pas en biais des poteaux.

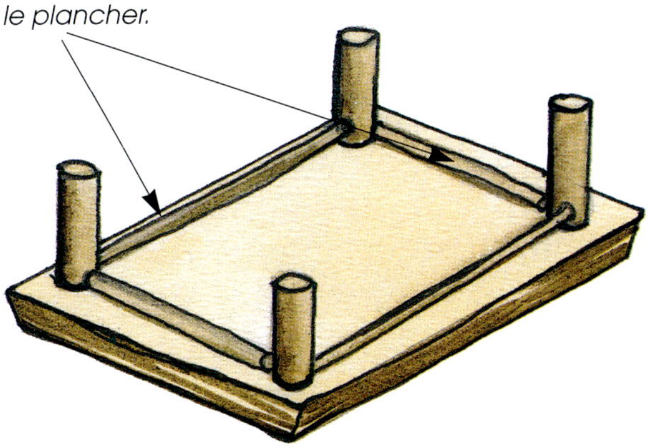

Poser les rebords

Ces rebords servent à empêcher les graines de tomber.

Coupe et ajuste entre les poteaux des morceaux de branches d'1 à 1,5 mm de diamètre.

Cloue ces morceaux sur le plancher avec des pointes de 25 ou 30 mm.

Clouer le toit sur les poteaux

Pose le toit à l'envers et repère l'emplacement des poteaux en centrant l'ensemble des éléments.

Pour clouer, procède de la même façon que pour le bas.

Voilà ta maisonnette prête à être posée. Tu peux améliorer son aspect et surtout la rendre plus résistante aux intempéries en la traitant avec un produit de protection. (Les oiseaux préfèrent la toute simple huile de lin).

COMMENT INSTALLER UNE MANGEOIRE ?

Lorsque tu choisis un emplacement pour ta mangeoire, il faut éviter qu'un chat puisse en profiter pour attraper les oiseaux.

Tu peux la fixer sur le haut d'un piquet planté dans le jardin.

Dans ce cas, le plus facile est de fixer une petite tablette sur le haut du piquet, et de visser la maisonnette par-dessous.

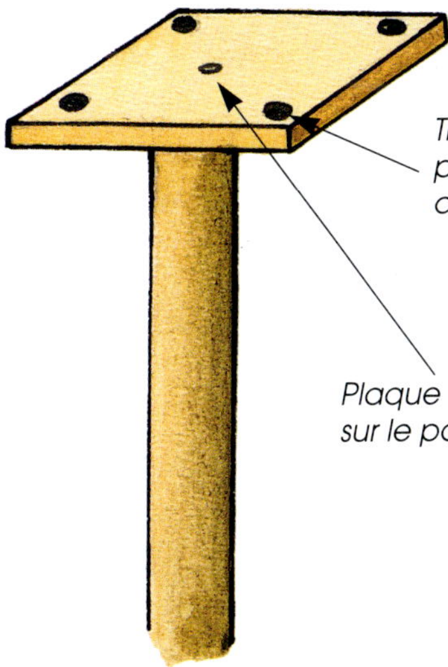

La maisonnette peut également être suspendue, par exemple à la branche d'un arbre.

Il suffit de visser un crochet au centre du toit.

Attention. Il faut être sûr que le toit tient bien. Si tu as des doutes, demande à un adulte de mettre une vis à la place des pointes centrales des poteaux.

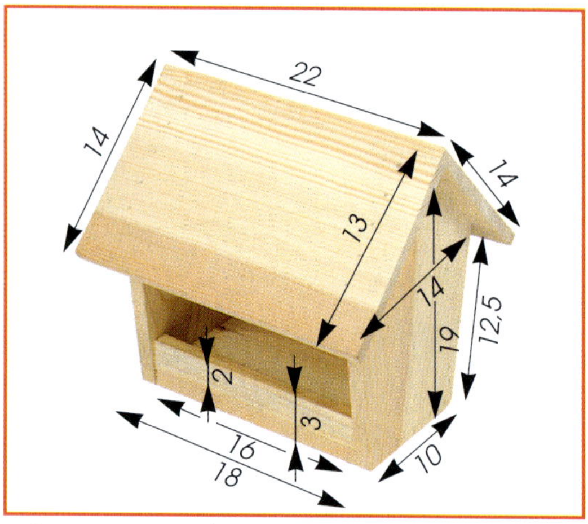

Dans ce modèle, « l'arrière » de la maisonnette est ouvert. Épaisseur du bois : 1 cm.

Ce modèle est cloisonné en son milieu, il fait mangeoire et nichoir. L'épaisseur du bois est fonction de celle des dosses.

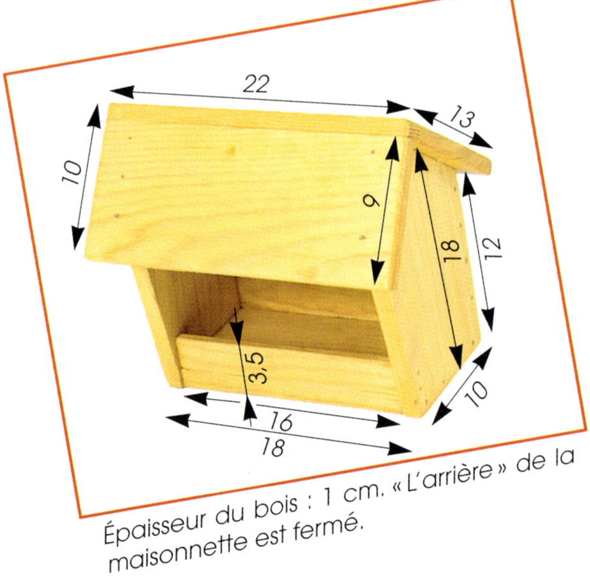

Épaisseur du bois : 1 cm. « L'arrière » de la maisonnette est fermé.

Caisse à jouets

Cette caisse à jouets est réalisée en assemblant des panneaux que tu auras toi-même créés.

Ces panneaux sont constitués de planchettes clouées sur des traverses.

TON MATÉRIEL :

- Planchettes en bois tendre, sapin, pin..., épaisseur 10 mm (des chutes de lambris, morceaux de palettes ou de caissettes diverses peuvent faire l'affaire).
  Plusieurs morceaux, dont les largeurs additionnées donnent 30 cm.
  2 x 26 cm de longueur
  4 x 60 cm de longueur.
- Renforts côtés.
  Section 50 mm x 15 mm :
  2 pièces de 30 cm
  2 pièces de 16 cm.
- Renforts faces, dessus, dessous.
  Section 50 mm x 10 mm :
  12 pièces de 30 cm.
- Poignées.
  Section 50 mm x 15 mm :
  2 pièces de 28 cm.
- Pointes têtes plates de 20, 25, 35 ou 40 mm (si possible fines pour les 35 ou 40 mm).

Pour la pose du couvercle :

Pose par emboîtement :

- Baguettes. Section 50 mm x 10 mm : 2 pièces de 26 cm.

Pose avec charnières :

- Charnières à pattes longues (120 x 30) et vis 4 x 20.
- Ferrure porte-cadenas, et vis adaptées.

TES OUTILS :

Mètre, crayon, marteau, tenaille, papier de verre fin, tube de colle à bois.

Si les renforts et autres baguettes ne sont pas sciés de longueur, prévoir en plus : scie à onglet et boîte de coupe à onglet (pas indispensable, mais pratique).

Les mesures que je te propose donnent une caisse de 60 cm de long (sans les poignées) pour 30 cm de largeur et 34 cm de hauteur (mesures intérieures : 56 x 26 x 30 cm).

Si tu penses utiliser la caisse pour un usage particulier, par exemple ranger des classeurs ou un train électrique, il faudra adapter les mesures à tes besoins.

Il ne faut pas oublier de vérifier avant de commencer la fabrication si la place dont tu disposes dans ta chambre est suffisante pour y poser la caisse.

> À RETENIR :
>
> Lorsque tu fabriques une caisse, n'oublie pas qu'une des mesures intérieures (la longueur dans ce cas) est réduite de l'épaisseur des côtés.

Exemple :
4 pièces de 75 mm de large.

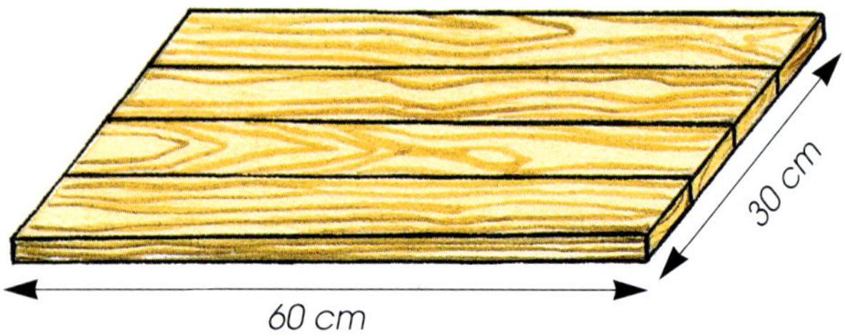

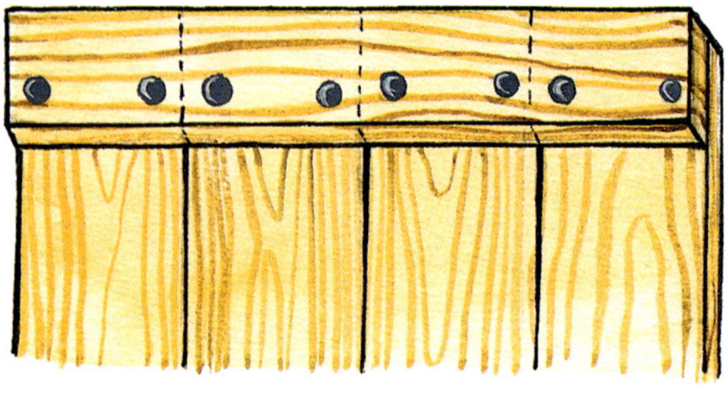

RÉALISATION

Faces, fond et couvercle

Préparation :

Les angles de toutes les pièces sont adoucis.

Pose à plat sur une table de travail le nombre de pièces nécessaires pour composer une face.

Serre-les et égalise bien les longueurs.

Pose les renforts à leur place, repère l'emplacement des pointes.

Si ces renforts ne sont pas coupés de longueur, ils faut les tracer et les couper bien d'équerre.

Ne mets pas trop de pointes pour l'instant. Lors du montage de la caisse, tu compléteras ce clouage. Pour 75 mm 2 pointes suffisent.

Assemblage :

Pose des points de colle sur les planchettes et cloue les renforts avec les pointes de 20 mm. Veille à faire affleurer les deux éléments.

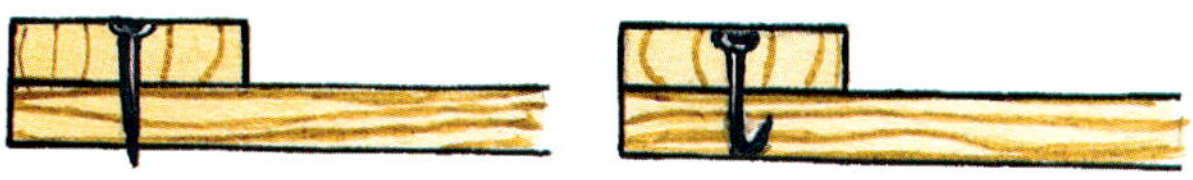

Il se peut que les pointes dépassent légèrement à l'intérieur. Dans ce cas, redonne à chaque pointe un petit coup de marteau en le bloquant à l'intérieur avec un deuxième marteau.

Mieux, tu utilises une plaque métallique ou une tôle que tu poses sur la table.

Les deux faces, le fond et le couvercle sont composés et assemblés de la même manière.

Le couvercle n'est pas solidarisé avec la boîte ; il doit être cloué définitivement tout de suite.

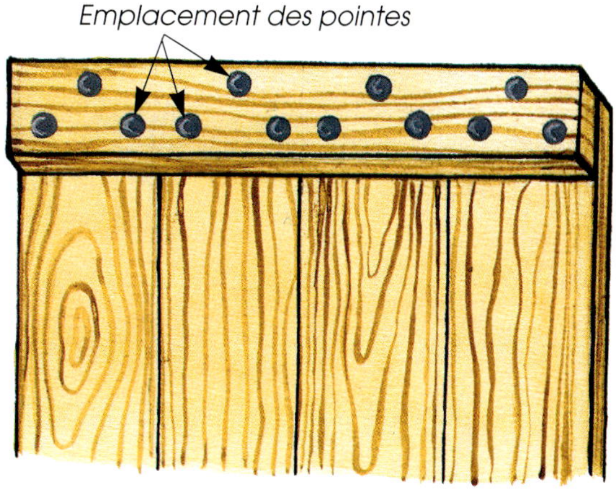

Tu utiliseras la même disposition des pointes sur le couvercle et sur les côtés.

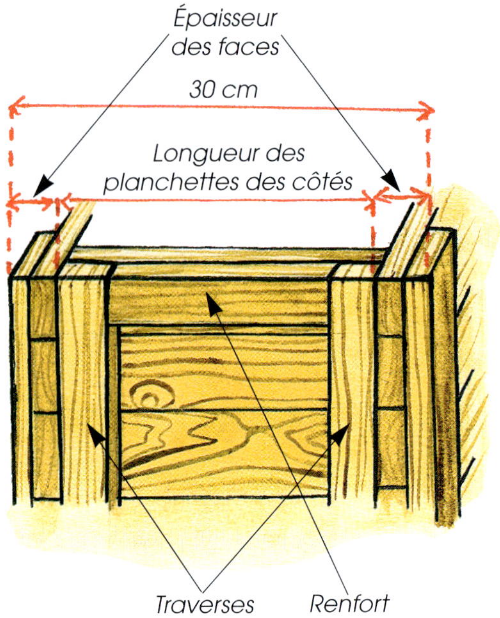

Côtés

La préparation et l'assemblage des côtés sont les mêmes que pour le couvercle.

ATTENTION :

Si l'épaisseur totale des deux faces est supérieure à 40 mm, il faut changer la longueur des planchettes, pour que la largeur extérieure de la caisse reste de 30 cm.

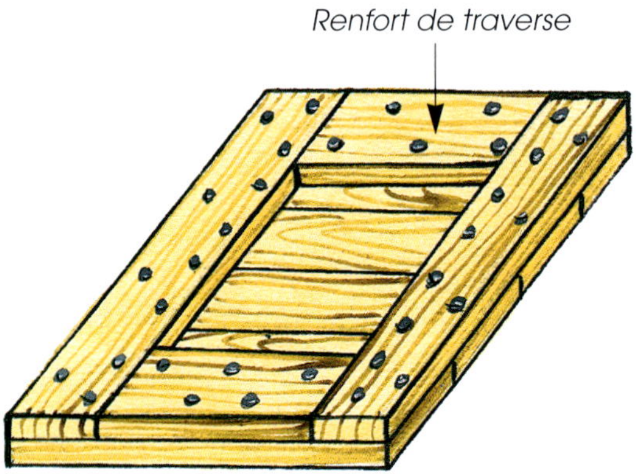

Les renforts ont 15 mm d'épaisseur. Pour le clouage, il faut utiliser des pointes de 25 mm. Tu peux aussi clouer par l'intérieur.

Lorsque les premiers renforts sont en place, il faut ajuster et poser les renforts « traverses ». Ces derniers sont collés avec un peu plus de colle que les autres renforts ; ce sont eux qui portent le fond.

Monter la caisse

Tes six « panneaux » sont maintenant prêts. Nous allons commencer en clouant les faces sur les côtés. Amorce le clouage en te débrouillant pour que les pointes ne soient pas placées dans le joint entre les planchettes et les supports. Les pointes utilisées sont plus longues, 35 ou 40 mm.

Pose et immobilise tes côtés sur la table de travail. Encolle et cloue successivement les deux faces. Veille bien à faire affleurer les angles.

REMARQUE :

L'ensemble sera peut-être trop haut pour clouer ; tu peux aussi travailler sur des tréteaux bas ou directement sur le sol.

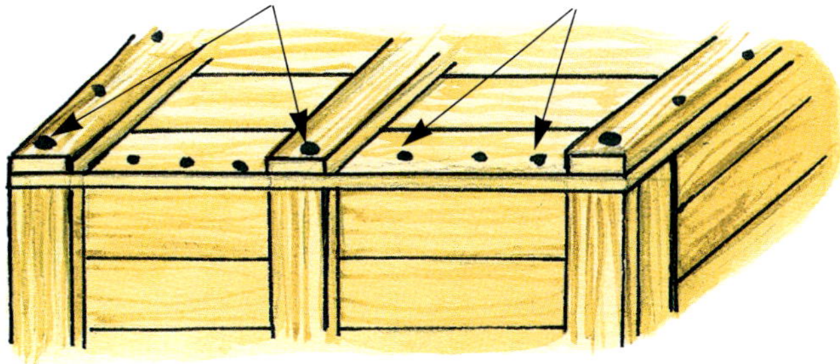

Maintenant cloue le fond, sans oublier la colle. Adapte la longueur des pointes à l'épaisseur du bois, selon que tu cloues dans les supports directement dans les planchettes.

Poser le couvercle

• **Par emboîtement :**

Il suffit de poser sur la face intérieure les deux baguettes qui sont prévues pour cela. Elles sont clouées de manière à bloquer le couvercle en bonne position, en tenant compte de l'épaisseur des faces et des côtés.

À RETENIR :

Il est facile de trouver la position des baguettes si tu poses le couvercle à l'envers sur la table et si tu places la caisse dessus avant d'avoir fixé le fond. Dans ce cas, il suffit de repérer les angles intérieurs de la caisse sur le couvercle.

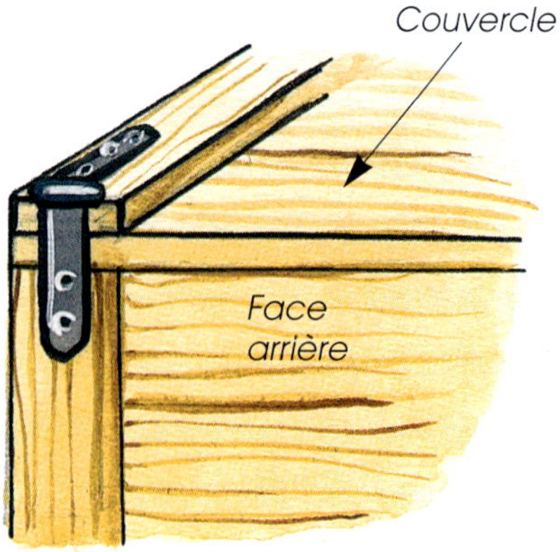

(A)

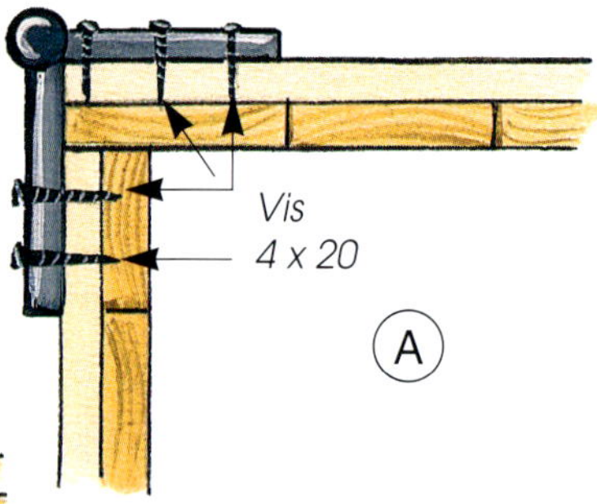

(A)

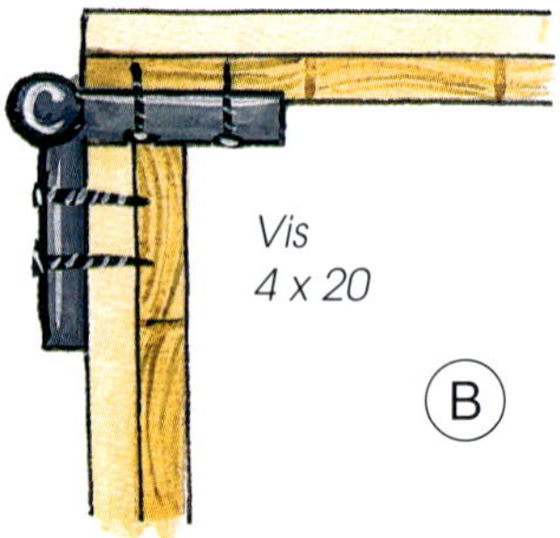

(B)

- **Avec charnières :**

Les charnières sont simplement vissées sur les renforts de la face arrière et du couvercle (**A**).

Si les pattes des charnières sont trop courtes, elles peuvent également être placées sur la face interne du couvercle (**B**).

ATTENTION :

Il faut savoir que dans ce cas, le couvercle ne pivotera pas librement jusqu'au bout, et il y a un gros risque d'arrachement si on lâche le couvercle lors de l'ouverture.

(C)

Le porte-cadenas est facultatif. Le cas échéant, il est vissé sur les renforts centraux de la face avant et du couvercle (**C**).

Poignées

Les poignées ne sont pas indispensables. Elles donnent un air de fini à la caisse et facilitent son déplacement.

Les poignées sont de simples pièces de bois que l'on prend soin d'arrondir au milieu et de poncer pour les rendre agréables à toucher.

Elles sont vissées ou clouées sur les côtés. On peut faciliter la manutention en intercalant deux pièces de bois (cales) entre le côté et la poignée (**D**).

(D)

Arbre à chat

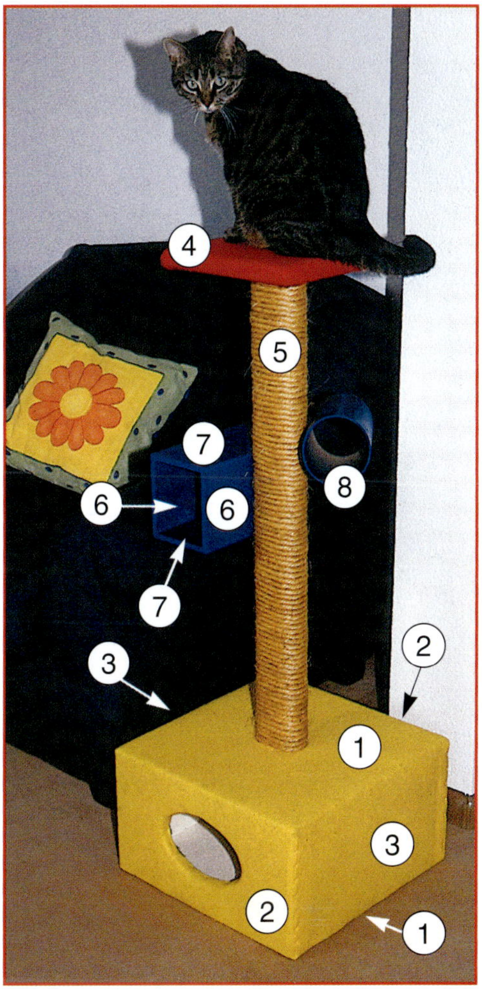

Cet objet que tu vas offrir à ton chat ou à celui d'un ami a une double fonction :

1) C'est un merveilleux jouet pour lui.

2) Il peut y grimper, s'y faire les griffes tout à volonté, ce qui aura pour effet de préserver les chaises, tables, coins de meubles et tapisseries.

TON MATÉRIEL :

- Panneau de particules épaisseur 16 mm ou contreplaqué épaisseur 10, 12 ou 15 mm :
  - (**1**) haut et bas 2 x 40 x 40 cm
  - (**2**) faces 2 x 40 x 18 cm
  - (**3**) côtés 2 x 38 x 18 cm (L = 40 cm — 2 x épaisseur de la face)
  - (**4**) plateau 2 x 25 x 25 cm
  - (**6**) côtés tunnel 2 x 25 x 12 cm
  - (**7**) haut et bas tunnel 2 x 25 x 12 cm.
- Poteau central de section ronde ou carrée 50 à 80 mm (une branche ou un morceau de bois de chauffage sec convient très bien) :
  - (**5**) 1 morceau de 80 cm
  - (**8**) 1 tube carton Ø 10 à 15 cm ou un morceau de bois rond Ø 5 cm.
- Pointes (fines) têtes plates ou hommes 30 ou 35 mm.
- Vis V.B.A. ou têtes fraisées :
  8 pièces de 4 ou 5 x 50
  4 pièces de 4 x 35.
- Colle à bois.
- Corde ou ficelle.
- Petites chutes de moquette.

TES OUTILS :

Mètre, crayon, marteau, tenaille, tournevis, vrille ou perceuse, scie à guichet ou scie sauteuse, râpe ou lime, papier de verre gros et fin.

RÉALISATION

Débit des panneaux

Dans les magasins de bricolage, tu peux facilement trouver des petites chutes pour un prix très intéressant. Ou bien tu peux faire couper les pièces dans un panneau d'1,17 m x 71 cm (dans ces mesures sont comprises les épaisseurs des traits de scie).

Il est important que les pièces soient coupées droites et d'équerre.

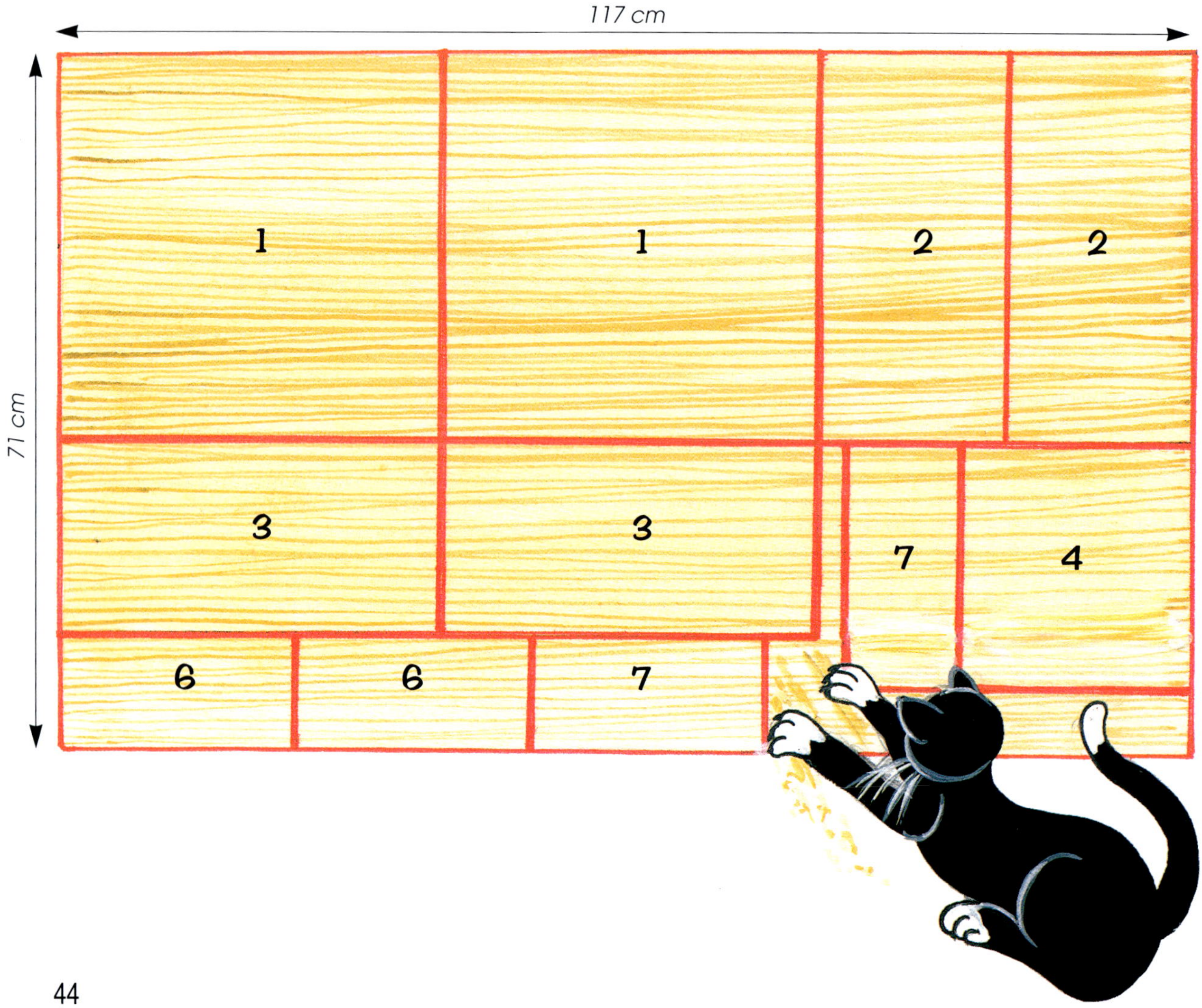

Découpe de la face avant

Tu peux découper un rectangle de 20 cm x 10 cm, mais une découpe en ovale ou en ellipse est plus jolie.

Tracé de l'ovale

a) Trace les axes de la pièce.

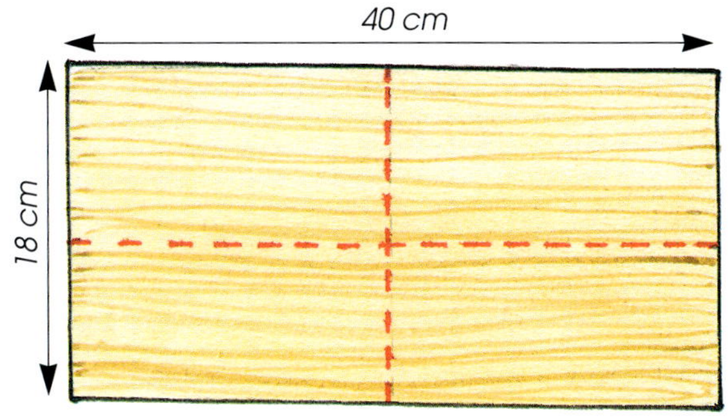

(a)

b) Trace la largeur à découper (6 cm de chaque côté de l'axe). Marque les points A et B.

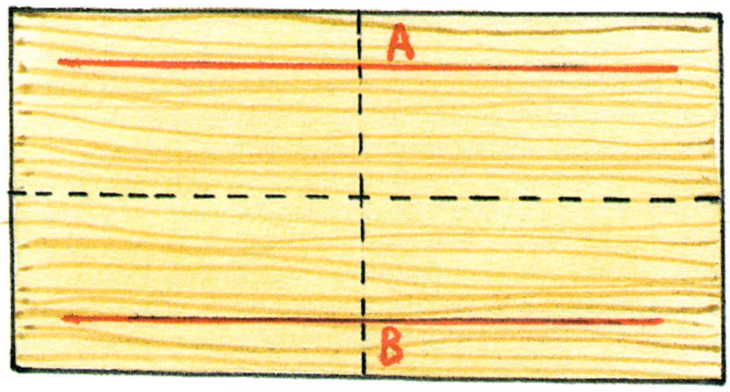

(b)

c) Trace les lignes à 45°, marque les points C et D.

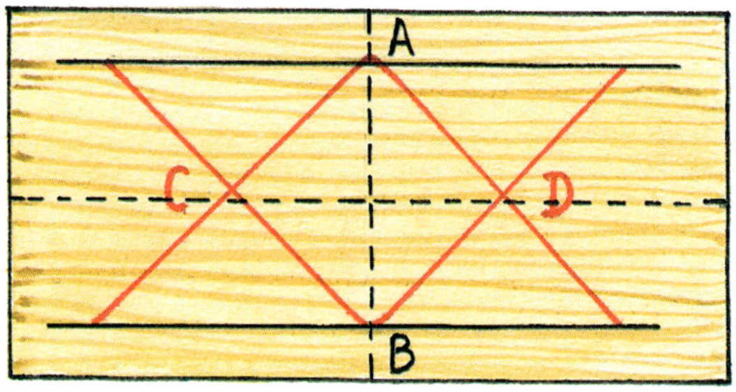

(c)

d) Du centre (A), trace l'arc E B F.
Du centre (B), trace l'arc G A H.

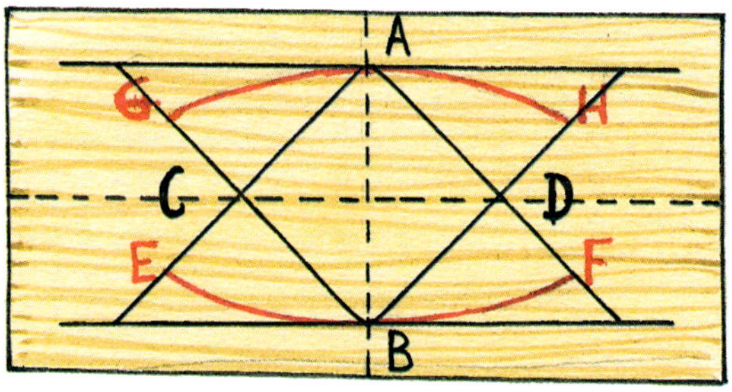

(d)

e) Du centre (C), trace l'arc E G.
Du centre (D), trace l'arc H F.

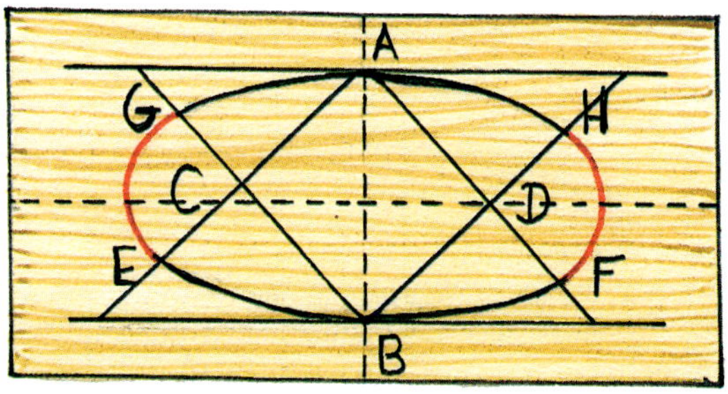

(e)

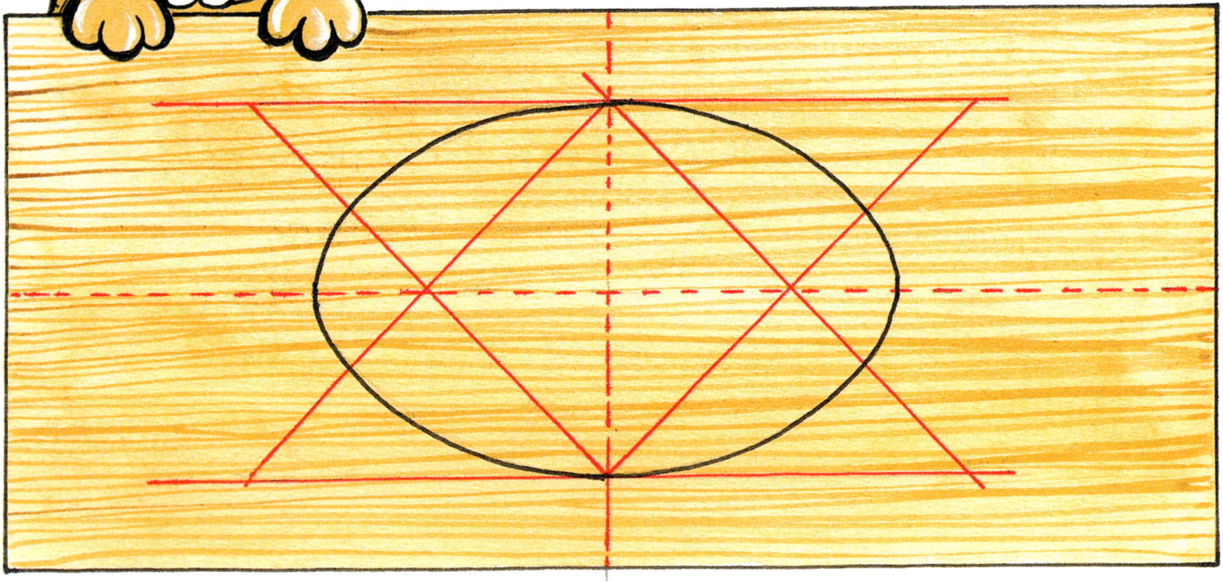

Sciage de la découpe avant

Pour découper l'ouverture, il faut d'abord percer un trou dans la partie à supprimer, tout près du trait. Le sciage démarre dans le perçage et longe le trait.

Le sciage peut être réalisé avec une scie à guichet ou avec une scie sauteuse. À défaut de posséder l'une ou l'autre, tu peux percer toute une série de trous tangents avec une perceuse électrique ou un vilebrequin.

Lorsque la pièce est enlevée, égalise à la râpe et à la lime.

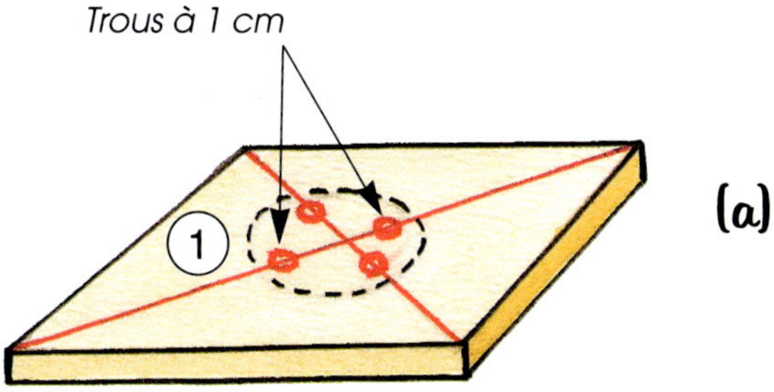

Fixation du poteau sur le dessus (a)

Trace les diagonales sur le dessus (1) et perce 4 trous Ø 5 placés à 1 cm du bord du poteau (5).

Encolle et mets les vis en place. (Le vissage est simplifié si tu perces des avant-trous – voir page 19). Vérifie si le poteau n'est pas penché, si c'est le cas, glisse de fines cales ou des copeaux de bois sous ce dernier, pour rectifier son inclinaison.

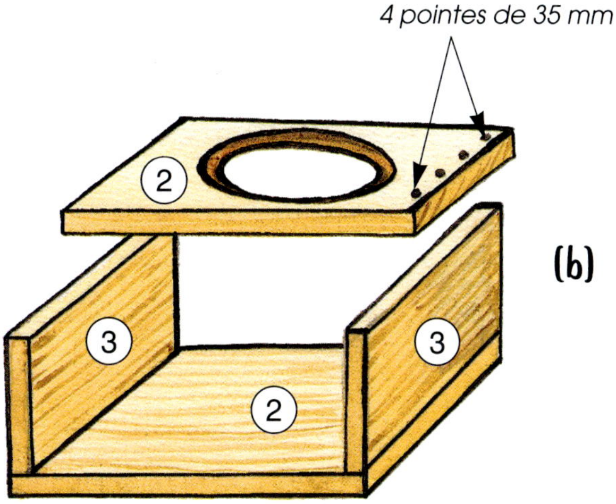

Assemblage de la caisse

(b) Encolle et cloue les faces (2) sur les côtés (3).

(c) Encolle et cloue le fond (1), puis le dessus (1). (Si tu as peur que le poteau se desserre, tu peux visser le dessus, ce qui permettra de le démonter.)

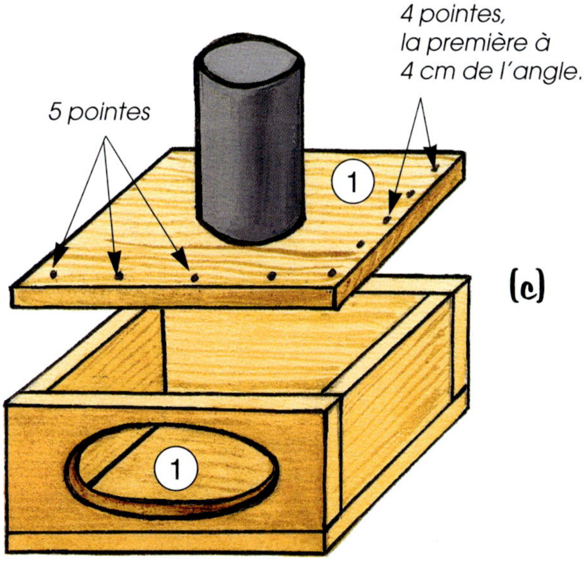

Pose du plateau (d)

Deux ou trois vis suffisent pour tenir le plateau. Pour le positionner, procède comme pour fixer le poteau sur le dessus.

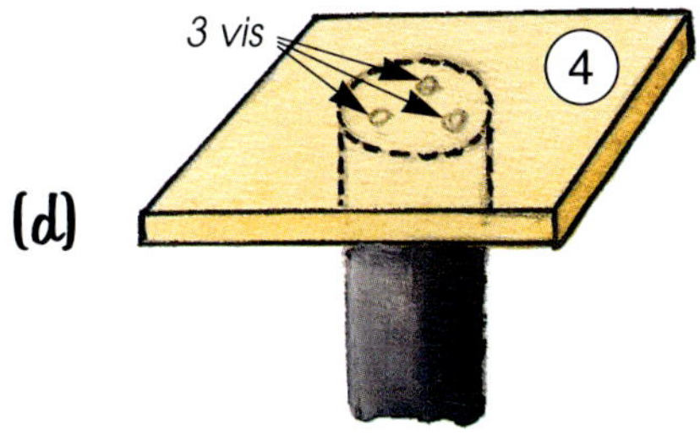

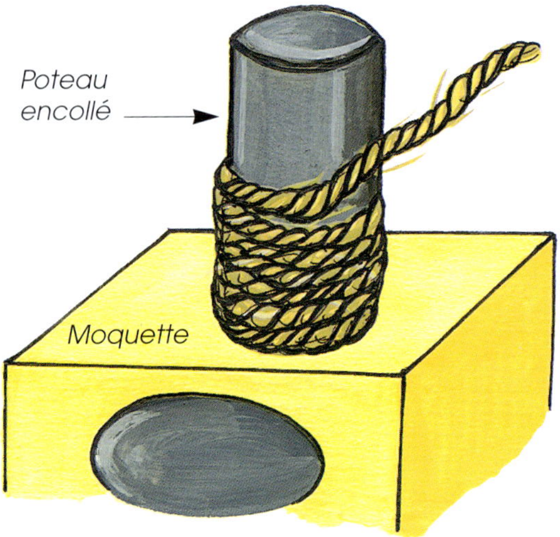

Habillage

Le plancher intérieur de la caisse et l'extérieur peuvent être revêtus de moquette. Tu peux la coller ou l'agrafer.

Pour habiller le poteau, tu peux l'enduire avec une couche de colle et enrouler une cordelette ou une grosse ficelle autour. Cette corde fait un bel effet décoratif et permet à minou de grimper et de se faire les griffes.

Les ajouts ludiques

Assemble les pièces du tunnel (6) et (7) avec colle et pointes.
Cet ensemble est vissé sur le poteau avec des vis qui entrent en biais.

Tu peux attacher le tube de carton (8) avec de la ficelle solidement nouée. Si tu choisis un morceau de bois rond, il peut être vissé ou cloué.

Il te faudra dans ce cas : de grandes pointes ou de longues vis et percer des avant-trous.

Si tu veux clouer sans arracher ou desserrer le poteau, tu dois prendre deux précautions :

1) Amorcer le clouage de toutes les pointes (jusqu'à les faire déboucher) en posant la pièce de bois à plat.

2) Te faire aider par une personne qui bloque le poteau avec un gros marteau pendant que tu cloues. (Tu peux aussi coucher l'arbre de côté et faire reposer le poteau sur des cales).

Tu peux encore agrémenter ton arbre en attachant au plateau un ou deux rubans auxquels tu noues des bouchons.

Ton arbre est prêt, place les jouets préférés de minou dans la caisse, sur le plateau, dans le tunnel. Il aura vite fait de s'approprier les lieux.

Hutte

MONTAGE

Préparation de la structure

Pour réaliser le montage, il te faut l'aide d'un camarade.

Fait une marque à la craie sur l'arbre, à 1,70 m du sol.

TON MATÉRIEL :

- Un arbre (à défaut, un mur ou un poteau fait l'affaire).
- Baguettes de noisetier (d'autres branches à peu près droites, des lattes à toit ou des lattes de section 25/25 mm peuvent remplir la même fonction) : 1 x 2,50 m
  2 x 2,10 m
  2 x 1,60 m
  2 x 1,10 m
  2 x 0,60 m.
- Une brassée de fines branches ou de roseaux (attention, les roseaux poussent au bord de l'eau, et coupent les mains si on les arrache pour les cueillir).
- Un rouleau de ficelle.
- Un drap, une vieille couverture ou une bâche.

TES OUTILS :

Une scie, un petit couteau, une petite pioche de jardin, un mètre, un crayon, une craie.

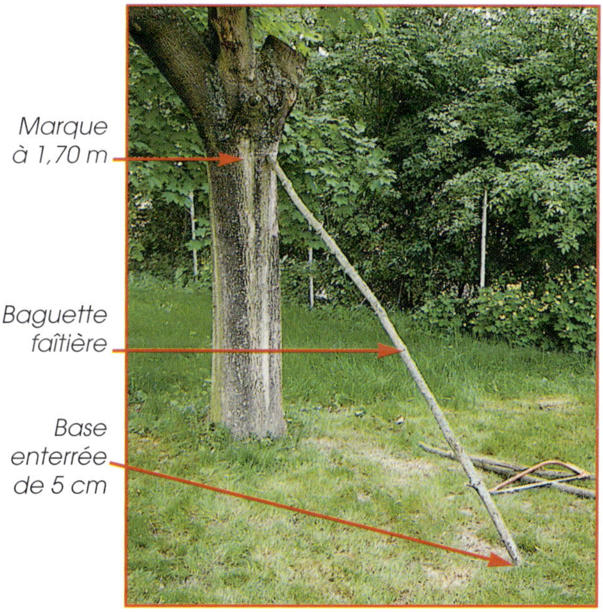

Pose la baguette faîtière. Le haut est appuyé contre l'arbre. La base est légèrement enterrée (5 cm).

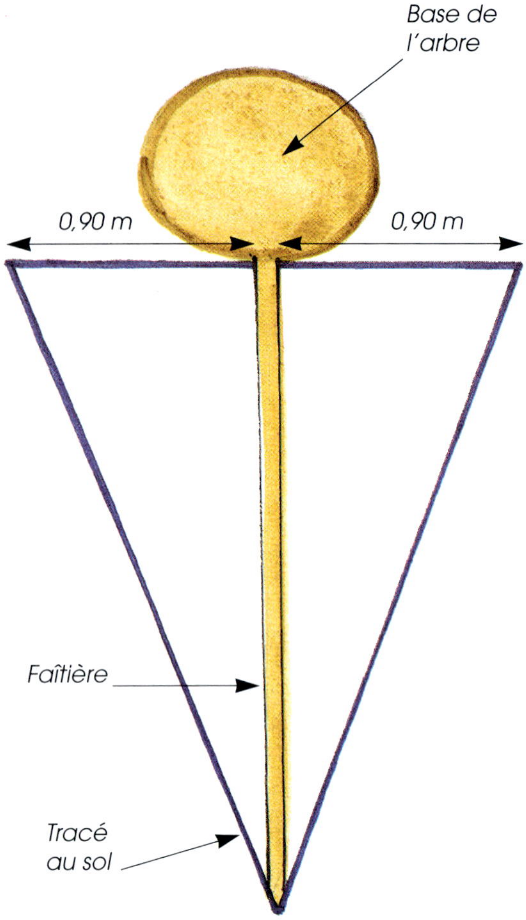

Au pied de l'arbre, trace un trait perpendiculaire à la faîtière (en raclant le sol avec une baguette ou à la craie si le sol est dur ou en tendant une ficelle). Cette marque mesure 1,80 m de longueur.

Matérialise ensuite le triangle qui rejoint la base de la faîtière (1).

Pose les baguettes de 2,10 m aux angles du triangle que tu viens de dessiner (2).

Leur base est légèrement enterrée, les sommets des deux baguettes et de la faîtière sont solidement noués (2).

Pose et noue les autres baguettes pour créer l'armature du toit. Nous appellerons ces baguettes « chevrons » (3).

1

2

Toiture

Mets en place les renforts pour la toiture. Tu utiliseras des branches fines et souples (4) ou des roseaux ou de fines baguettes qui seront tressées entre les « chevrons » ou nouées. Attache-les avec quelques bouts de ficelle pour qu'ils ne glissent pas.

4

Pour la couverture, le plus simple est d'utiliser des toiles, bâches, couvertures ou draps. Ils sont simplement posés et noués sur la structure (5).

5

Il est possible de réaliser une toiture beaucoup plus esthétique.

Tu peux multiplier les branchettes tressées horizontales. Si tu choisis cette solution, il faudra monter les deux faces du toit en même temps (6).

Tu peux aussi choisir une solution verticale. Dans ce cas, tu utilises l'armature, telle qu'elle était prévue pour les toiles.

Suivant ton inspiration et ce dont tu disposes, tu attacheras des touffes d'herbes longues, des fines branchettes, des feuilles de rhubarbe, de fougère ou de platane (7)...

Ce genre de toiture est réalisé en commençant le travail en bas.

Entrelacs avec végétaux

Entrelacs de roseaux

6

Plaque de porte

Le bricolage que je te propose là est un peu particulier. Il consiste à réaliser une plaque de porte ou un autre panneau indicateur en lettres découpées.

TON MATÉRIEL :

- Chutes de contreplaqué épaisseur 3, 4 ou 5 mm.
- Colle à bois.

TES OUTILS :

Mètre, crayon, scie à découper et lames, support de sciage et petit serre-joint, papier de verre fin.

1

2

RÉALISATION

Tu vas choisir entre deux techniques pour réaliser ton panneau :

1) Découper les lettres dans des petites chutes et les coller sur une plaque suffisamment grande pour écrire le nom ou les mots choisis.

2) Tracer et découper directement la plaque.

Tu verras plus loin que cette technique demande une modification des lettres.

RÉALISATION EN LETTRES RAPPORTÉES SUR LA PLAQUE

Traçage

Je te propose une planche de lettres, facile à reproduire. Si tu as de l'imagination, tu peux facilement inventer ton alphabet personnel.

La première chose que tu dois faire, c'est choisir la grandeur de tes lettres. Je te conseille de dessiner les lettres sur une feuille à petits carreaux, en prenant comme base un, deux, trois ou quatre carreaux.

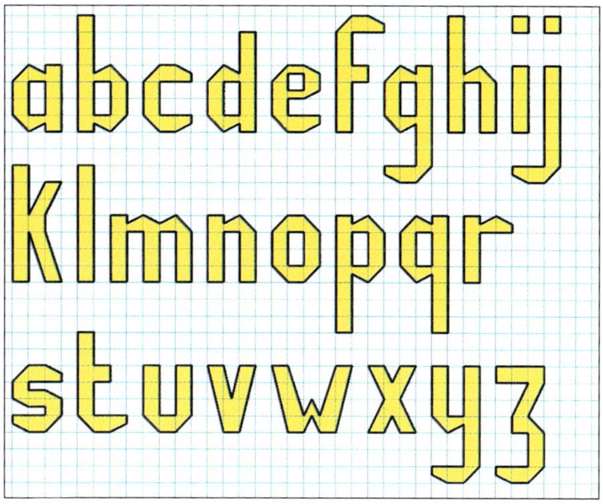

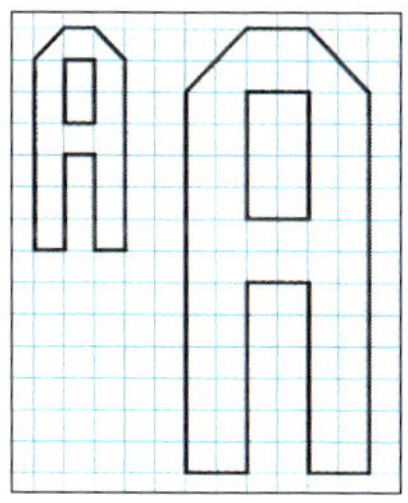

→ *Dessin de lettres avec comme base un et deux carreaux.*

Tu obtiendras de cette manière des lettres de 35 à 140 mm de hauteur. L'espace entre les lettres est un ou deux carreaux. Entre deux mots, laisse 4 à 6 carreaux.

Lorsque ton ou tes mots sont prêts et te conviennent, tu peux reproduire le quadrillage et les lettres sur le contreplaqué. Plus simplement, tu peux aussi coller ton dessin directement sur les chutes de contreplaqué. Utilise pour cela de la colle à papier.

Sciage et préparation des lettres

Dans le chapitre avec les trucs et astuces, tu peux voir comment utiliser une scie à découper.

Lorsque tes lettres sont découpées, ponce-les avec du papier de verre fin.

Pose des lettres

Les lettres peuvent être collées sur du contreplaqué ou sur un autre support, par exemple une jolie rondelle de bois.

Avant le collage, il faut que tu positionnes l'ensemble des lettres pour vérifier si elles sont centrées. Place des petits repères qui aident à trouver directement la bonne place. Pour le collage, le plus simple est d'utiliser un pistolet à colle.

ATTENTION :

La colle du pistolet à colle est chauffée à 300 °C. Il vaut mieux éviter de t'en mettre sur les doigts.

Suspendre la plaque

Tu peux suspendre ton panneau en le munissant d'une chaînette ou d'un joli ruban. Il suffit de percer deux petits trous dans les angles hauts de la plaque.

RÉALISATION DES LETTRES DÉCOUPÉES DANS LA PLAQUE

Traçage

Les lettres doivent être modifiées pour cette solution. En effet, chaque fois que la lettre a un remplissage intérieur, tu dois faire des petits ponts qui tiennent cette partie intérieure.

←
Exemple de lettres modifiées.

Cette fois-ci, tu dois reproduire l'ensemble de l'écriture avant de commencer à scier. Tu peux utiliser du papier quadrillé que tu colles sur le panneau ou tracer directement sur le contreplaqué.

Plaque en cours de sciage : on remarque les perçages préparés à l'emplacement des lettres. →

Sciage

Pour scier, utilise la technique du sciage interne décrite dans le chapitre généralités.

Ponce soigneusement les découpes et le tour de ta plaque.

Le papier de verre que tu utilises est tout petit, mais toujours plié en trois. →

Décoration

Suivant l'effet que tu désires obtenir, tu peux :

- dans le cas de lettres en relief, peindre ces dernières ainsi que la plaque de fond (dans des couleurs différentes),
- dans le cas de lettres en creux, superposer à un fond sombre,
- ou peindre, colorier ou pyrograver des lettres directement tracées sur une plaque.

Exemple de plaque décorée au pyrograveur.

Catamaran

TON MATÉRIEL :

- Chutes de lattes à toit de 50/25 mm, ou tasseaux pin, sapin ou peuplier de section approchante :
  2 x flotteurs (**1**) 40 cm.
  2 x traverses (**2**) 20 cm.
- Autres pièces :
  1 x mât (**3**) (tourillons Ø 8) 50 cm.
  1 x bôme (**4**) (tourillons Ø 5) 25 cm.
  1 x barre de gouvernail (**5**) 15 x 2 x 1 cm.
  1 x safran (**6**) (morceau de contreplaqué très fin ou morceau de caissette à fruits, épaisseur 1 à 1,5 mm) 8 x 5 cm.
  3 m de ficelle fine (comme celle utilisée par maman pour attacher un rôti).
  1 voile (un rectangle de 50 x 30 cm, tissu fin ou morceau de sac poubelle).
  1 vis tête ronde Ø 4 ou 5 mm, longueur 30 à 35 mm (**7**).
  1 rondelle Ø 4 ou 5 mm (**7**).
  Pointes 50 mm.
  Colle à bois.

TES OUTILS :

Mètre, crayon, marteau, tenaille, scie, râpe, lime, papier de verre gros, perceuse et foret 5 et 8 mm.

RÉALISATION

Commence par scier deux flotteurs de 40 cm et deux traverses de 20 cm.

Trace et scie les pentes (A).

Trace et râpe les chanfreins (B).

(C)

Trace l'emplacement des traverses sur le haut des flotteurs (deux traits, à 10 cm de l'extrémité) (C).

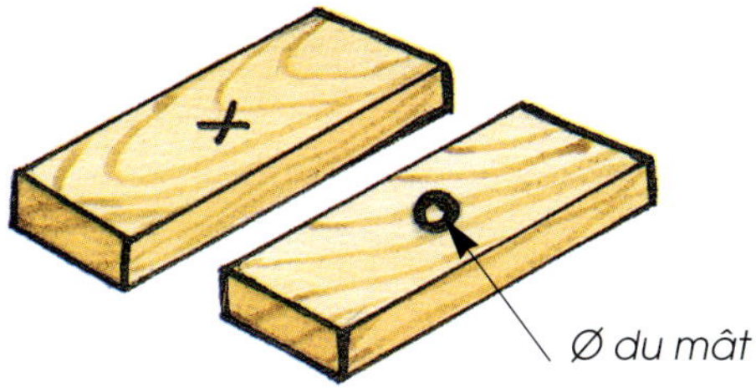

(D)

Trace une petite croix au centre des traverses (D).

Perce le trou pour le mât dans l'une d'elle (D).

NOTE :

Ce trou est fait au même diamètre que le mât. Fais un essai dans une chute ; le mât doit être mis en place sans marteau. Il doit être serré mais il faut pouvoir le tourner pour changer l'orientation de la voile.

(E)

Colle et cloue les traverses sur les flotteurs (n'oublie pas de « mater » les pointes pour éviter de fendre le bois). Tu peux affiner les traverses en les amincissant aux extrémités (E).

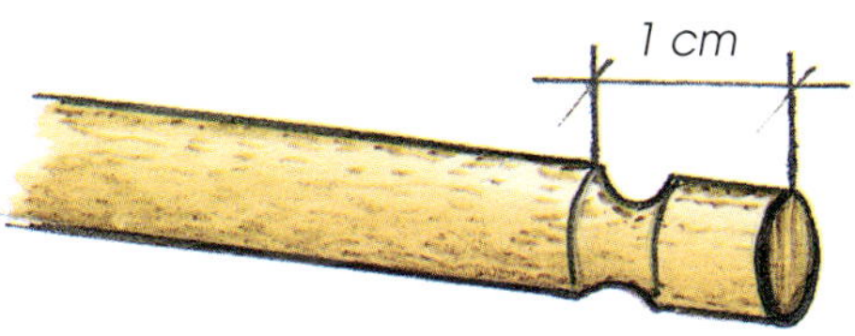

(F)

Coupe le mât à 50 cm de longueur, la bôme à 25 cm.

Prépare les baguettes en réalisant avec la lime de toutes petites entailles (pour nouer la ficelle) à 1 cm des extrémités de la bôme et de la pointe du mât (F).

Si tu n'as pas de lime, tu peux aussi plier fermement un morceau de papier de verre, pour creuser le petit sillon.

Profite de l'occasion pour poncer un peu le bout des baguettes.

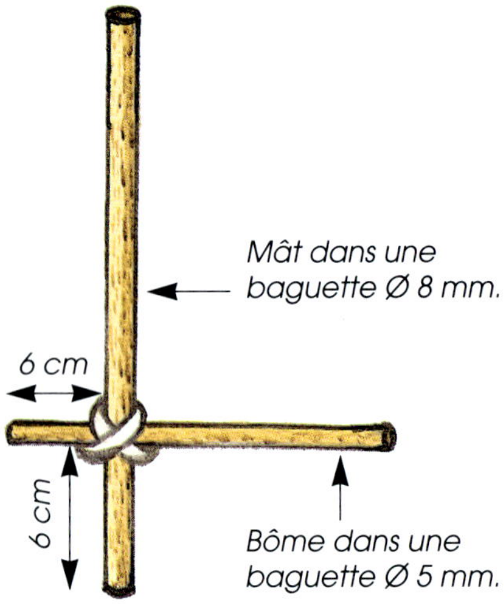

G

Coupe un morceau de ficelle de 50 cm, et attache les baguettes solidement ensemble (veille à croiser la ficelle pour rester d'équerre) (G).

H

Important : lorsque ton nœud est bien serré, pose de chaque côté une goutte de colle pour immobiliser la ficelle sur les baguettes (fais attention de ne pas salir la table !).

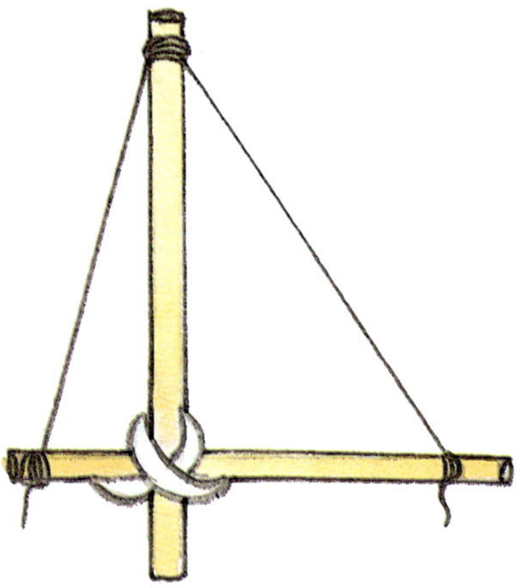

I

Coupe un morceau de ficelle de 2 m.

Attache le milieu à la pointe du mât, en utilisant un nœud de drisse.

Le nœud de drisse est réalisé en passant la ficelle deux fois dans la boucle au lieu d'une pour le nœud simple (H).

Tend et noue la ficelle sur la bôme en veillant à ce qu'elle reste droite et d'équerre (I).

Coupe les surplus de ficelle et encolle un peu les nœuds.

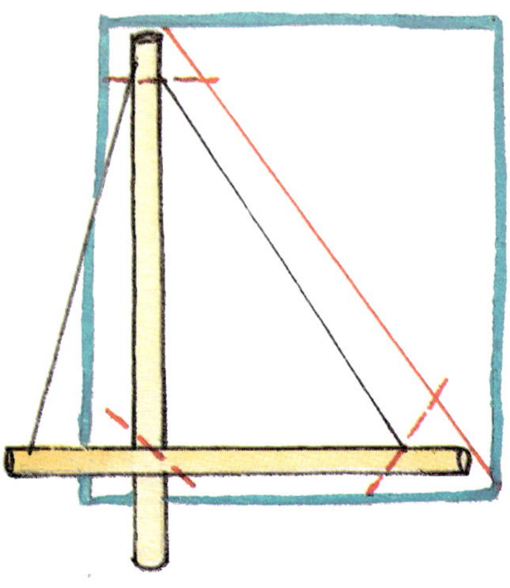

J

Étale la toile, pose le mât assemblé pour tracer la voile, qui est découpée en suivant les traits rouges (J).

Il ne reste plus qu'à coller la voile avec une colle adaptée, en la repliant d'abord autour du mât, puis de la bôme, et enfin de la ficelle (K).

K

Coupe la barre de gouvernail 15 cm, perce un trou de Ø 4 ou 5 mm à 5 cm du bout et entaille-la sur une longueur de 6 cm. Tu crées ainsi une fente dans laquelle est inséré le safran. Celui-ci est collé et la barre de gouvernail liée avec un morceau de ficelle (L).

L

Visse le gouvernail sur la traverse arrière, mets le mât en place, ton catamaran est prêt pour un essai.

ATTENTION :

Sois prudent, demande à un adulte de t'accompagner lorsque tu vas au bord de l'eau. Un bassin a l'avantage de permettre facilement la récupération de ton esquif.

Il faut maintenant que tu apprennes à régler la voile et le gouvernail pour le diriger et le faire avancer.

Caisse à savon

La « caisse à savon » que je te propose de fabriquer n'est pas vraiment compliquée. Elle comporte toutefois beaucoup de petites pièces, notamment vis et boulons. C'est pour cette raison que je présente le matériel sous forme de tableau.

Pour la réalisation, prévoit l'aide d'un adulte.

Le tableau de droite, associé à la photo ci-dessous, renvoie à la numérotation de toutes les pièces. La classification est réalisée par sous-ensembles constituant les différentes parties de la caisse à savon.

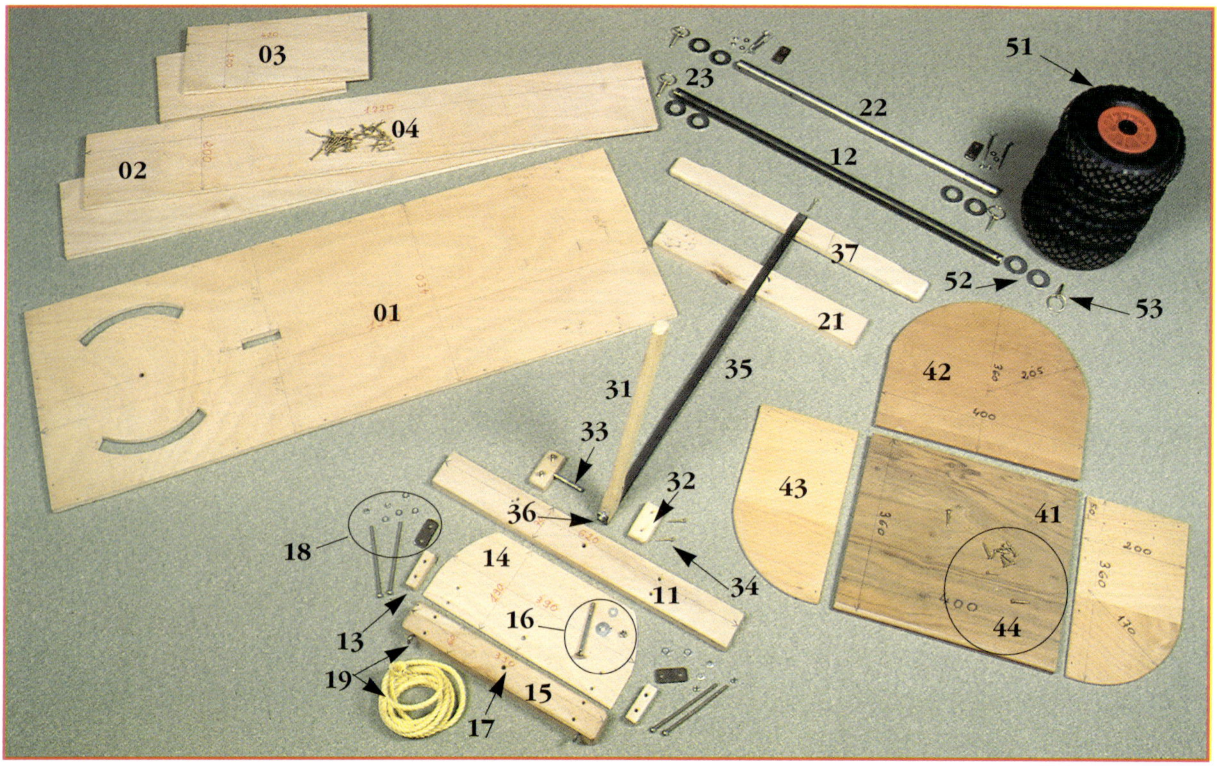

TON MATÉRIEL :

Partie	Rep.	Désignation	Nbre	Long.	Larg.	Épais.	Matière
Caisse	01	Fond	1	1 220	450	15	Contreplaqué extérieur (CTBX)
	02	Côtés	2	1 220	200	15	
	03	Avant, arrière	2	420	200	15	
	04	Vis V.B.A.	40	4,5 x 40			
Train avant	11	Support essieu	1	620	70	25	Hêtre
	12	Essieu	1	820	Ø 25		Tube acier
	13	Entretoises	2	70	22	22	Hêtre
	14	Cache évidement repose-pied	1	390	190	5	Contreplaqué
	15	Barre de direction	1	390	60	45	Hêtre
	16	Boulon pour axe	1	100 x 10 tête ronde collet carré			
		Rondelles	2	Ø 10			
		Écrou indesserrable	1	Ø 10			
	17	Canon de guidage		Ø intérieur 10 mm			Acier
	18	Tiges filetées	4	140	Ø 6		
		Pattes	2	60	20	4	Acier
		Rondelles	8	Ø 6			
		Écrous indesserrables	8	Ø 6			
	19	Pitons	2	6 x 60			
		Corde		3 m	Ø 8		
Train arrière	21	Support essieu	1	465	70	25	Hêtre
	22	Essieu	1	665	Ø 25		Tube acier
	23	Pattes	2	60	20	4	Acier
		Boulon	1	80 x 6 tête ronde collet carré			
		Rondelles	8	Ø 6			
		Écrous indesserrables	8	Ø 6			
Frein	31	Levier	1	470	40	25	Hêtre
	32	Supports de pivot	2	80	40	25	
	33	Pivot	1	100	Ø 8		Acier
	34	Vis	5	4,5 x 40			
	35	Barre	1	900	20	4	Acier
	36	Boulon	1	60 x 6 tête ronde collet carré			
	37	Patin	1	610	50	25	Hêtre
Siège	41	Assise	1	395	360	15	Contreplaqué
	42	Dossier	1	395	360	15	
	43	Accoudoirs	2	360	200	10	
	44	Vis V.B.A.	20	4 x 30			
Roulage	51	Roues gonflables	4	250 axe 25			
	52	Rondelles	8	Ø 25			
	53	Goupilles à ressort	4	Ø 40			

TES OUTILS :

Mètre, crayon, scie à dos, maillet, ciseau à bois, scie à métaux, perceuse et foret, marteau, tournevis, clés 10, 13, 17, 19, lime, papier de verre.

RÉALISATION

Sauf indication contraire, les mesures marquées sur les pièces sont en millimètres.

4

5

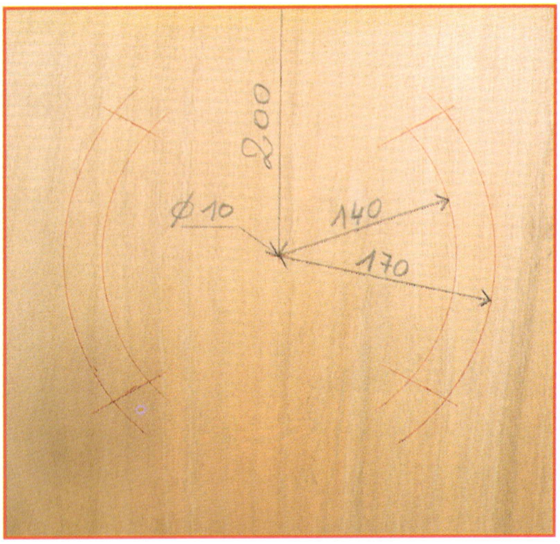

1

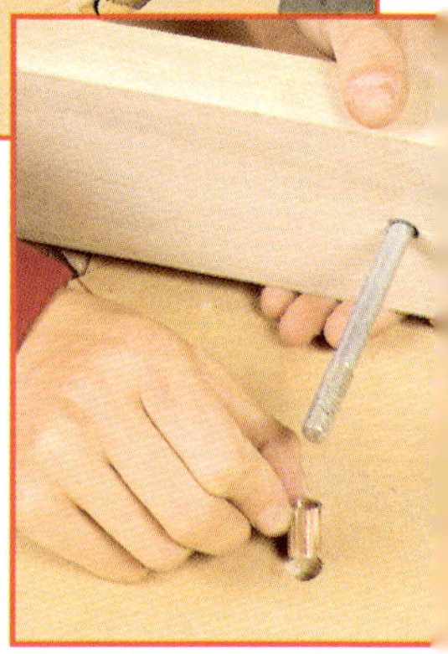

6

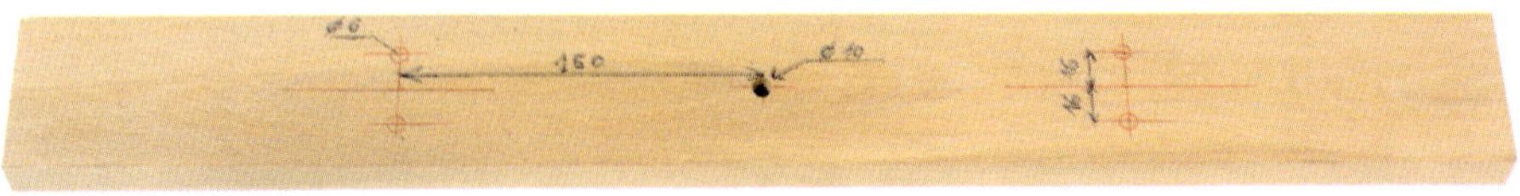

2

3

1. Trace sur le fond la découpe pour la rotation du train avant.
2. Trace et perce le support d'essieu avant (l'entraxe des boulons est calculé pour bloquer l'essieu).
3. L'angle de braquage est limité pour que les roues ne touchent pas la caisse.
4. Le fond est découpé, les éléments de la caisse sont prêts pour le montage.
5. Mets en place le canon de guidage.
6. Le trou est agrandi au diamètre extérieur.

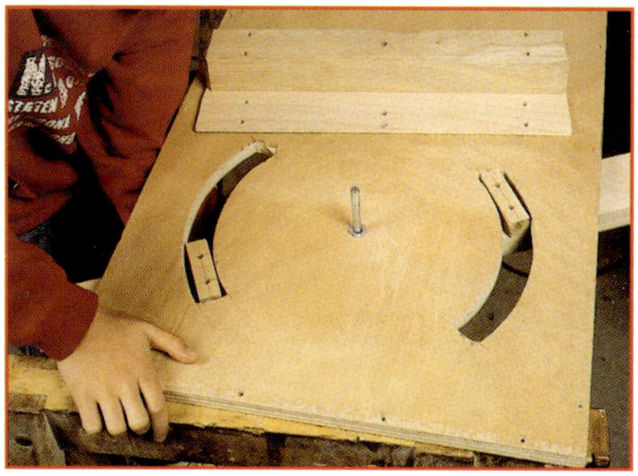

9

10

11

7. *Trace et perce les entretoises.*

8. *Trace puis perce le repose-pied et la barre de direction.*

9. *Vérifie le fonctionnement support d'essieu avec les entretoises.*

10. *Assemble la partie supérieure du train avant. Tu as intérêt à repercer les trous avec une mèche ayant 1/2 mm de plus que les boulons ou tiges filetées, avant de les mettre en place. (Des patins en alu placés sous le repose-pied facilitent le fonctionnement en charge).*

11. *Fixe l'essieu avant.*

12. *Mets en place les rondelles intérieures et les roues.*

12

13

14

13. L'essieu a été percé pour recevoir la goupille.
14. Vérifie le fonctionnement des roues et ferme la goupille.

1

1

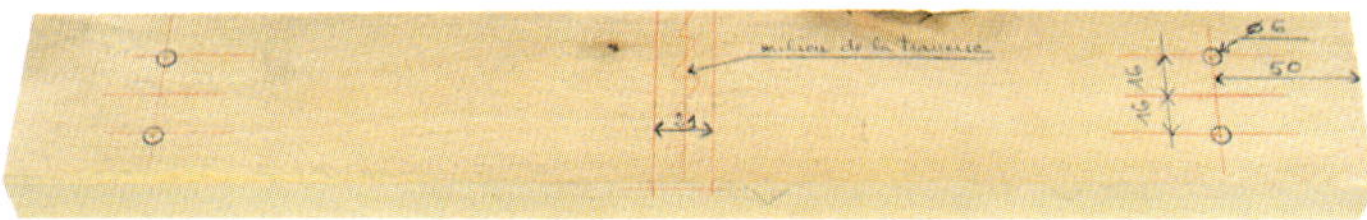

15

1

16

20

15. Trace le support d'essieu arrière.
16. Scie le côté de l'entaille pour la barre de frein.
17. Dégage l'entaille au ciseau à bois.
18. Creuse par les deux extrémités...
19. En augmentant la profondeur progressivement.
20. Détail.

1

2

23

24

25

26

21. *Positionne le support d'essieu arrière et perce les trous.*
22. *Fixe l'essieu arrière.*
23. *Fond et trains de roulements, vus de dessous...*
24. *Vue de dessus.*
25. *Détail de la partie avant du frein : le levier est percé à 50 mm du bas pour l'axe, coupé en biais pour pouvoir s'incliner vers l'arrière. La barre pliée d'équerre à 40 mm, percée et fixée avec un boulon, non serré mais bloqué, qui passe sous l'axe.*
26. *Partie avant du frein assemblé, posé sur le fond.*

(27)

(28)

(29)

(30)

27. *Après avoir réalisé la découpe du fond, pose la barre en place, monte le levier et les supports de pivot. Cela te permet de repérer la position de la barre en position avancée.*

28. *Deuxième repère pour la barre en position reculée.*

29. *Marque la barre pour le pliage de telle sorte que le patin soit à 10 mm des pneus en position intermédiaire.*

30. *Coude et recoupe la barre.*

31. *Percée d'un trou, la barre est vissée sur le patin qui est au préalable entaillée comme le support d'essieu. Le support d'essieu doit être démonté et remonté pour la mise en place.*

32. *Vérifie le fonctionnement, positionne et visse les côtés, après avoir percé le fond au préalable.*

3)

4)

5)

36

33. *Le siège est composé de 4 éléments.*

34. *Arrondi les angles des côtés et du dossier. Colle et visse d'abord les côtés sur le fond.*

35. *Encolle et visse le dossier en lui donnant une inclinaison de 50 mm sur la hauteur des côtés.*

36. *Mets les pitons et la corde en place, ta caisse est prête pour des essais. Tu peux ultérieurement découper les côtés et peindre l'ensemble à ton idée.*

37

37. *J'ai choisi des roues gonflables pour leur qualité de roulement. Il existe un grand choix d'autres roues possible, notamment des roues de tondeuses. Tu peux aussi récupérer des roues d'une vieille poussette. Le diamètre de l'essieu est choisi en fonction des roues.*

ARRIVÉE
ARRIVÉE